Grundschule

Gabriele Klink

Kreatives Upcycling für Kinder

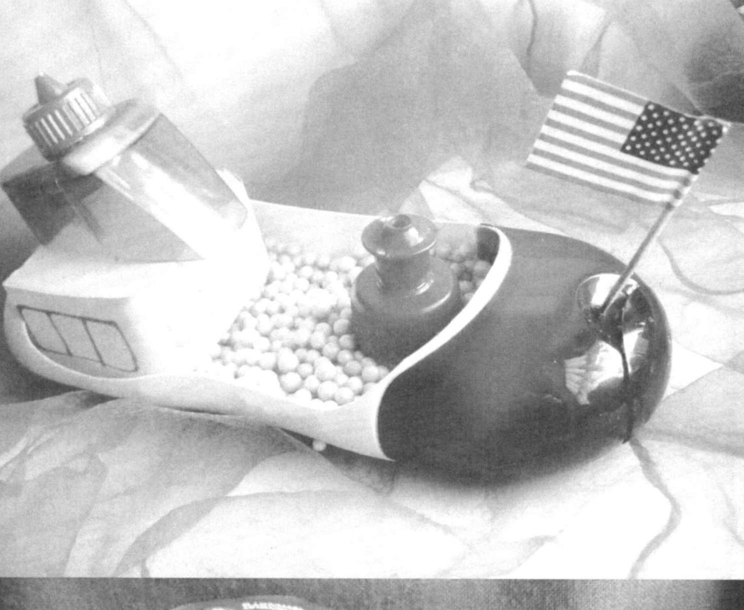

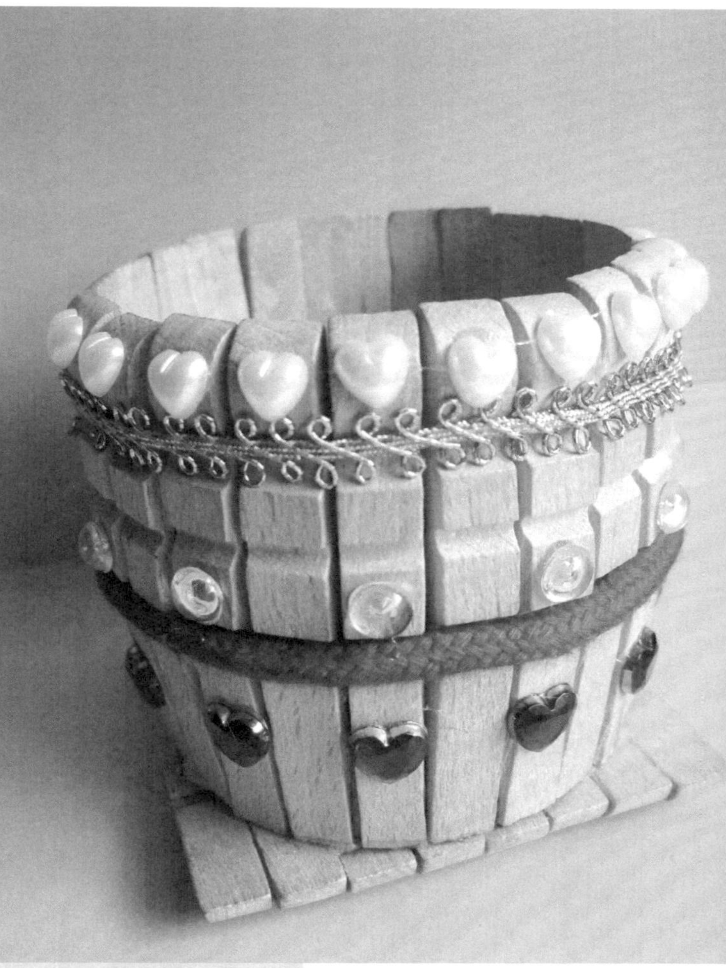

Zum Wegwerfen viel zu schade ....

www.kohlverlag.de

Kreatives Upcycling für Kinder

Zum Wegwerfen viel zu schade ....

2. Auflage 2025

Inhalt & Bilder: Gabriele Klink
Umschlagbild: Gabriele Klink
Redaktion: Kohl-Verlag
Grafik & Satz: Simone Demler / Kohl-Verlag
Druck: Druckerei Flock, Köln

Bestell-Nr. 12 903

ISBN: 978-3-98558-876-3

Kontakt: Kohl-Verlag, An der Brennerei 37-45, 50170 Kerpen
Tel: +49 2275 331610, Mail: info@kohlverlag.de

Unsere Lizenzmodelle

Der vorliegende Band ist eine Print-Einzellizenz

Sie wollen unsere Kopiervorlagen auch digital nutzen? Kein Problem – fast das gesamte KOHL-Sortiment ist auch sofort als PDF-Download erhältlich! Wir haben verschiedene Lizenzmodelle zur Auswahl:

	Print-Version	PDF-Einzellizenz	PDF-Schullizenz	Kombipaket Print & PDF-Einzellizenz	Kombipaket Print & PDF-Schullizenz
Unbefristete Nutzung der Materialien	x	x	x	x	x
Vervielfältigung, Weitergabe und Einsatz der Materialien im eigenen Unterricht	x	x	x	x	x
Nutzung der Materialien durch alle Lehrkräfte des Kollegiums an der lizensierten Schule			x		x
Einstellen des Materials im Intranet oder Schulserver der Institution			x		x

Die erweiterten Lizenzmodelle zu diesem Titel sind jederzeit im Online-Shop unter www.kohlverlag.de erhältlich.

Inhalt

Inhalt

Vorwort – Tipps, Tricks & Infos für Pädagogen

Liebe Kolleginnen, liebe Kollegen,

Upcycling liegt schwer im Trend und ist eine kreative und sinnvolle Beschäftigungsmöglichkeit für Kinder, um sich künstlerisch zu beschäftigen und gleichzeitig die Wertigkeit für Wertstoffe zu entwickeln. Die folgenden Tipps und Tricks entstammen aus jahrelanger Erfahrung von „vorderster Front“:

Alltagsdinge treffen auf Kunst – Grundmaterialien wie Papier, Karton, Bieruntersetzer, alte Socken, Dosen oder Flaschen, Knöpfe, Klopapierrollen und vieles mehr kennen die Schüler aus ihrem Alltag. Oft können diese Dinge umgedeutet werden und spontan oder geplant entsteht ein neues, fantasievolles Kunstprojekt.

Schüler-Kunst – Mit Schülern künstlerisch zu arbeiten tangiert sensomotorische, optische und wahrnehmende Fähigkeiten, je nach individuellem Alter und Entwicklungsstand. Die Aufgaben vermitteln Freude, Spontanität, Kreativität, Individualität und Experimentierfreude.

Vorbereitung und Aufgaben der Lehrkraft – Die ausgewählte Aufgabe im Vorfeld basteln, um Schwierigkeiten, Tipps, Lösungswege und Begleitung der Kinder bewusst selbst zu erproben. Die Lehrkraft regt an, ermutigt, gibt Tipps und Tricks zur Herstellung des Produktes. Kinder entdecken, dass Kunst alle Lösungen zulässt, es gibt nicht nur „Richtig“, sondern viele ungewöhnliche Ideen. Die Lehrkraft stellt Materialien bereit, besorgt und teilt den Kindern/Eltern mit, was von Zuhause mitgebracht werden muss.

Kinder mit Handicap – Tischtandems bilden, sich gegenseitig anregen und unterstützen. Wer Hilfe benötigt, meldet sich „sprachlos“ durch Handzeichen.

Vorwort – Tipps, Tricks & Infos für Pädagogen

Mehrfachschnitt – Eine rationelle, zeitsparende Technik für identische Teile. Papierfarben aufeinanderlegen, auf das obere Blatt die benötigte Form aufzeichnen und/oder zuschneiden.

Schablonen – Kinder entwerfen sie selbst. Diese als Anregung kopieren. Schablonen unterstützen einfache Formentwicklung und Formgebung, denn nicht jedes Kind kann Formen passend entwickeln. Material für wiederverwertbare Schablonen: Verpackungskarton (Hemd, Bettwäsche), Zeichenblockrückseite. Für Kreise: Glas/Teller auf Papier legen, umfahren und zuschneiden.

Demonstration, Beispielarbeit – Die Lehrkraft zeichnet die benötigten Formen und Gestaltungsschritte an die Tafel oder vergrößert die Schablonenseite und hängt sie auf. Jeder Tisch erhält eine Schablonenseite als Arbeitsgrundlage. Gemeinsam wird am Materialtisch ein Probeexemplar erstellt oder ein fertiges Produkt gezeigt. Schüler erklären, wie und mit welchen Materialien es angefertigt wurde.

Materialsammlung im Fundus – Das ganze Jahr über werden Materialien wie Rollen, CD, Geschenkpapier, Borten, Wolle, Knöpfe in Behältern gesammelt. Auch als Schulfundus für alle Klassen frei zugänglich anlegen. Am ersten Elternabend in der Klassenstufe Fundus vorstellen und Eltern durch Sammeln mit einbinden.

Materialtisch – Alle Materialien zusammentragen. Jedes Kind nimmt sich seine Materialien mit, kann diese jederzeit umtauschen und bewegt sich immer leise. Er bietet Entscheidungshilfen als Markt der unendlichen Kompositionsmöglichkeiten.

Transfer zur Umwelt und Natur – Kinder dazu auffordern, diese geometrischen Formen und Gestaltungsergebnisse in unserer Umwelt, in Natur, Tier- und Pflanzenreich wiederzuentdecken.

Wohlfühlatmosphäre anbieten – Gemeinsame Regeln definieren, Lautstärke reduzieren (flüstern), Handzeichen bei Hilfe vereinbaren. Schnell arbeitende Kinder probieren ein weiteres Projekt aus und langsamere Kinder konzentrieren sich auf ihre Einzelaufgabe. Kindertandems unterstützen sich.

Besprechungspausen anberaumen – Unterrichtsregeln festlegen. Wer Hilfe benötigt, meldet sich „stumm“ durch Handzeichen. Mit einem Glöckchen werden die Kinder aufgefordert, das eigene Tun zu unterbrechen und ohne zu sprechen einen Spaziergang durch die Klasse wagen, ohne das Gesehene zu kommentieren. Mit den Augen „stehlen“ ist ausdrücklich erwünscht. Anregungen in die eigene Arbeit integrieren und Raum geben für neue Ideen und Gedankenblitze.

Schlussbesprechung – Alle Ergebnisse auf dem Tisch/Boden präsentieren. Kinder erläutern kurz ihre Ergebnisse, schildern auch Schwierigkeiten und besondere Lösungsmodelle.

Präsentation – Ergebnisse ausstellen, Wandfries, Wandteppich, Leporello, Collage (siehe Einzelaufgaben), Mobile, Fenstergestaltung, Zimmer-Ast als Blickfang, Gemeinschaftsaufgabe erkunden.

Modernes autonomes selbstständiges Lernen lernen – Die Bereichseinteilung variabel, fantasievoll erarbeiten. Beispiel Rollenkunst: Die Beispielseiten kopieren und je eine Aufgabe für jede/s Tischgruppe/Team austeilen. Tisch 1: Schmetterling; Tisch 2: Hunde; Tisch 3. Gespenster; Tisch 4: Bienen usw. Einen Experimentiertisch anbieten. Hier nehmen Erfinder und Tüftler Platz und designen neue Produkte wie Rollen-Auto, Rollen-Rakete oder Rollen-Schlange aus mehreren Rollen. Im modernen Unterricht sollen Schüler ein Thema individuell von allen Seiten erkunden. Aufgaben im Teamtisch, Kleingruppe kreativ, ungewöhnlich lösen. Dies gelingt ab Klasse 2, wenn Kinder schriftliche Arbeitsanweisungen lesen können.

Viel Freude mit der vorliegenden Ideensammlung wünschen Ihnen der Kohl-Verlag und

Gabriele Klink

Ballpendelspiel

Vorbereitung:	10 Minuten
Durchführung:	45 Minuten
Kompetenz:	Geschicklichkeit, Spielregeln einhalten, Frustrationstoleranz
Vorbereitungen:	Materialien sammeln und zur Verfügung stellen.
Material:	Rollen in allen Formen und Größen. Alles was rund ist wie Kugeln, Bälle, geknüllte Alubälle, alte CDs. Klebstoff, Schere, Band.
Wettspiel:	Stift und Block

Und so wirds gemacht:
Die CD dient als Stabilitäts- und Stehformhilfe. Jede Rolle oben und unten am Rand mit Klebstoff bestreichen, rechteckiges Papier auflegen, festdrücken und Überschüssiges abschneiden. Alternativ die Rollen anmalen.
Bälle sammeln. Basteln aus Obstnetzen, geknuddelte Alufolie oder Zeitung, kleine Luftballons, Pompons, Tennis-bälle usw.

Tipp 1: Behälter für abgeschossene Bälle bereitstellen
Tipp 2: auf die Rollen (je nach Schwierigkeitsgrad) Sammelpunkte notieren
Tipp 3: Ein Schiedsrichter notiert die Punkte.
Tipp 4: Wettspiel: Zwei oder mehr Reihen bestücken und so rasch wie möglich treffsicher die Reihe abräumen.

Spiel
Bestückte Rollen auf Linie, im Kreis usw. anordnen, Bälle auflegen, sich neben die Reihe stellen und durch Ballpendeln die Röhren frei schießen.

Leuchtende Ufos

Vorbereitung:	10 Minuten
Durchführung:	45 Minuten
Kompetenz:	Materialien zusammentragen, Fantasie
Spielaktion:	Im Weltall

Material:
alte CDs, größere Plastik-Verschlussdeckel, kleine LED-Leuchtlämpchen, Pailletten und Streuartikel, Filzstift, Klebstoff

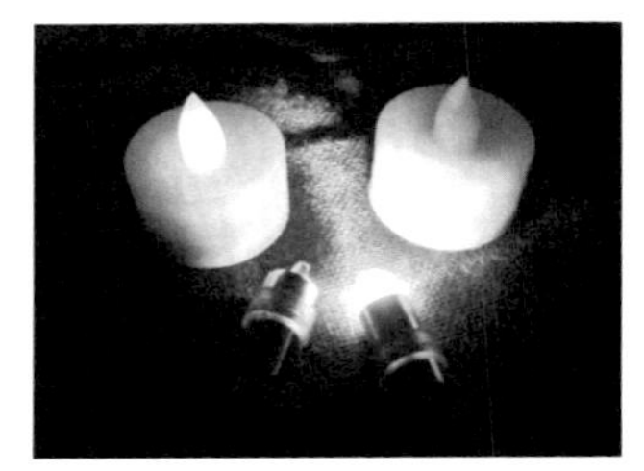

Und so wirds gemacht:
Den CD-Rand mit Klebstoff bestreichen, Schmuckelemente sofort auflegen und etwas festdrücken.
Den Verschlussdeckel gestalten und das LED-Licht einfach hineinlegen.
Kann nun bequem ein- oder ausgeschaltet werden.

Leuchtende Ü-Eier

Vorbereitung: 10 Minuten

Durchführung pro Ei: 45 Minuten

Kompetenz: Ungewöhnliche Aufgabe fantasievoll gestalten, sodass keine Dopplung entsteht. Dabei sich untereinander absprechen.

Material:
leere saubere Überraschungseier-Hüllen, Wackelaugen, Pfeifenputzer, Filzstift, Restpapier, Filzreste,
Klebstoff, Schere, Federn, LED-Lämpchen, eventuell Klebeband
(um die LED-Lämpchen im Innenraum zu fixieren)

Und so wirds gemacht:
Das Ei nach eigenen Ideen zu einer Lieblingsfigur gestalten. Alle Teile vorbereiten, basteln und mit Klebstoffpunkten auf dem Ei fixieren. Flügel und Beine entstehen durch Pfeifenputzer oder Papier. Aus ihnen wird ein Stirnband, ein Hahnenkamm, Strubbelfrisur ... Licht aus und sich faszinieren lassen.

Kuschelige Weidenkätzchen-Igel

Vorbereitung: 10 Minuten

Durchführung: 45 Minuten

Kompetenz: Feinmotorik, Genauigkeit, ungewöhnliche Gestaltungsmaterialien erkunden

Material:
Abgefallene Palmkätzchen aller Art und Größe, Tonpapier, Schere, Wackelaugen, Perlen, Farbstift.
Für den Weg: Moos, Blüten, Palmkätzchen, Gras, Blätter.

Und so wirds gemacht:
Auf dem Tonpapier den Igelumriss mit Beinen aufzeichnen und zuschneiden. Mit Klebstoff Reihen aufmalen und sofort die Palmkätzchen zum Stachelkleid aufdrücken. Wackelauge und Perlennase hinzufügen. Zuletzt den Boden anfertigen und alle Igel treffen sich im Wandfries zum Kennenlern-Spaziergang ...

Tipp: Kleine **Raupen** lassen sich ebenfalls leicht und rasch daraus zaubern ...
oder eine sanfte **Kringelschlange**.

Bezaubernde Schachtel-Kunstwerke

Vorbereitung: 10 Minuten

Durchführung: 45 Minuten

Kompetenz: Materialien gemeinsam organisieren und bereitstellen, Feinmotorik und exaktes Arbeiten

Material:
kleine Verpackungsschachteln von z. B. Feigen, Rastpapier, Restfilz, Stoffblüten, kleine Steinchen, kleines Dekomaterial, Ästchen, Pfeifenputzer, Märchenwolle, Klebstoff, Klebebänder, Schere, evtl. Aufhängeschleife

Und so wirds gemacht:
Die gesäuberte kleine Schachtel zum Blumengesteck, Ast mit Vogelnest, Clown oder Leuchtturm dekorieren. Alle benötigten Teile basteln, probeweise in die Schachtel einfügen, korrigieren und mit Klebstoffpunkt festkleben. Dabei kann die kleine Schachtel im Originalzustand eingesetzt werden oder bei Bedarf mit Klebebändern.

Tipp: Der Leuchtturm erhält auf dem Dach ein LED-Licht.

Flatterband-Vogelscheuchen

Vorbereitung: 10 Minuten

Vorbereitung: gebrauchte Bänder oder Stoffstreifen zuschneiden (auch im Mehrfachschnitt), Äste sammeln, Kleiderbügel bereitstellen, Aufstellplatz auswählen, kleine Teamaufgabe

Durchführung: zweimal 45 Minuten

Kompetenz: Teamarbeit, sich besprechen, gestellte Aufgabe fantasievoll entwickeln

Material:

ein alter Kleiderbügel, Bänder aus allen möglichen Materialien, Schnur, Schere, alter Ball, altes Kopftuch, Filzstift oder wasserfeste Farbe

Und so wirds gemacht:

Die zugeschnittenen Bänder am Kleiderbügel mit Schnur festbinden. Das Flatterkleid danach am Stock festbinden, aus einem alten Ball, Kartoffelsack oder Stoffstück den Kopf gestalten und diesen auf die Astspitze stecken.

Rollentiere

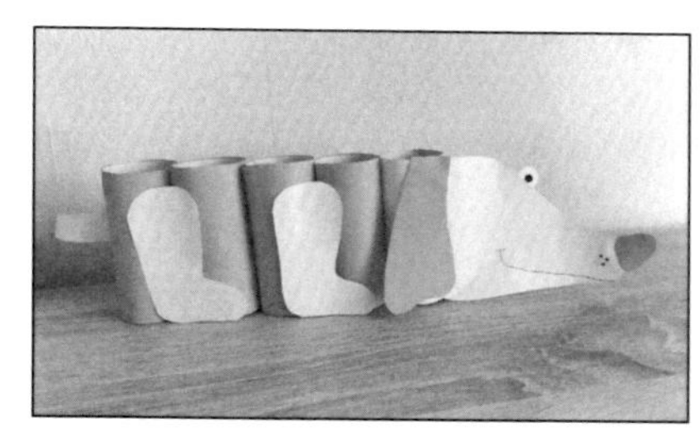

Vorbereitung: 10 Minuten / Rollen sammeln, bemalen oder bekleben

Durchführung: Im Vorfeld überlegen, welches Tier gestaltet werden soll. Dementsprechend die Farbpapierauswahl treffen.

Kompetenz: Sich für eine Tierdarstellung entscheiden. Ein passendes Gesicht dazu auf einer Scheibe entwerfen.

Material:

4-5 Klopapierrollen, Papier, Kopfscheiben, Wackelaugen, Filzstifte, Pfeifenputzer, Klebstoff, Schere, Karton

Und so wirds gemacht:
Die bezogenen oder bemalten Rollen zum Körper aneinanderkleben. Beine, Schwanz und seitlich das gestaltete Tiergesicht hinzufügen. Oder Kreise: CD zu typischen Tiergesichtern gestalten. Das fertige Tier auf Kartonstreifen kleben und Überschüssiges abschneiden. Die Rollenfiguren bewahren Scheren, Pinsel, Stifte auf oder überraschen ein Geburtstagskind mit kleinen Leckereien.

Tipp: Die Tiergesichter als Wandschmuck einsetzen. Statt des Hundes eine Katze kreieren.

Große plastische Zeitungs-Urschnecken

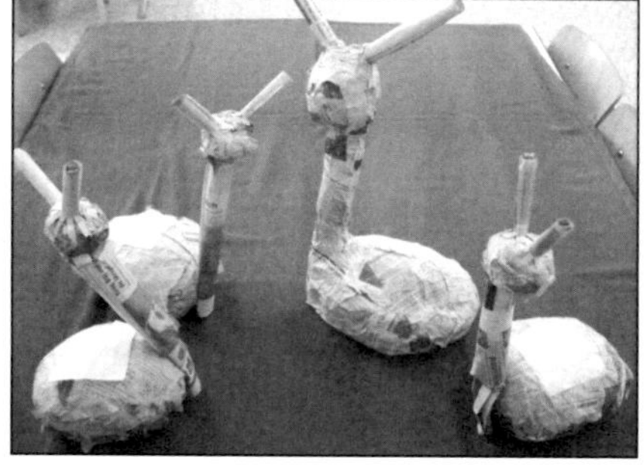

Vorbereitung: 10 Minuten / Gespräch über Urtiere, Zeitungen sammeln

Durchführung: dreimal 45 Minuten

Kompetenz: Farbempfinden, Handgeschicklichkeit, Vorstellungskraft

Tipp: Tische mit Zeitungspapier abdecken

Materialien: Zeitungsseiten, dünne Schnur, Fühlerkugeln, Wackelaugen, Schere, Kleister, Pinsel, Farben

Und so wirds gemacht:
Zeitungsseiten zusammenschieben, Knüllen und Schritt für Schritt mit einer Zeitungsseite einpacken, bis der Körper groß genug ist. Dazwischen mit Kleister die einzelnen Lagen stabilisieren. Alternativ: Fest mit Schnur umwickeln und Endzeitungslage hinzufügen.
Hals und Hörner sind aus Zeitungs-Röhre. Diese werden oben und unten eingeschnitten, aufgebogen und am Körper festgeklebt. Ein Zeitungsball wird zum Kopf. Den plastischen Körper trocknen lassen und danach kunstvoll und farbenfroh bemalen.

Projekt: Unsere Stadt am Fluss / Leporello-Collage aus Zeitung

Vorbereitung: 20 Minuten Brainstorming

Durchführung: mehrmals 45 Minuten

Kompetenz: Arbeitsschritte vereinbaren, Teamgruppen, Faltaufgaben erarbeiten

Material:
große Papierbögen, Papier aller Art und Größe, Bleistift, grünes und blaues Seidenpapier für Wasser und Wiese, Kleister, Schere, Wachsfarben, Klebeband

Und so wirds gemacht:
Auf jedem Bildelement fortlaufend die Begrenzung von Wasser und Wiese anzeichnen und festlegen. **Faltarbeiten** wie Ente, Vogel anfertigen (alternativ: malen und einfügen). **Bereich der Wiese und des Wassers** mit Kleister ausstreichen, Seidenpapier auflegen und zusammenschieben.

Rollbäume: Zeitungsstück zur Röhre rollen, das Ende festkleben und oben eng und tief einschneiden. Äste auseinanderbiegen.
Wolken im Mehrfachschnitt in unterschiedlichen Größen zuschneiden, alternativ Wattewolken.

Relief-Enten: Zeitungspapier einkleistern, zur Reliefente zusammenschieben und trocknen.

Gelbe Schwimmenten: Papierstücke mehrfach aufeinanderlegen, Ente aufzeichnen oder spontan im Mehrfachschnitt zuschneiden sowie Schnabel und Augen aufmalen.

Alle Teile auf das Papierformat auflegen, begutachten und mit Kleister aufkleben.

Feinaufgaben wie Blumen, Schmetterlinge oder Häschen einzeichnen. An die Bäume kleine geknüllte Obstkugeln hängen.

Leporello herstellen: Bilder folgerichtig nebeneinanderlegen, umdrehen und auf der Rückseite mit Klebeband zur Bilderschlange aneinanderfügen.

Aufhängen: Ein dekorativer Raumschmuck und Blickfang in der Einrichtung.

Aufbewahren: Die Bilderschlange zum Leporello zurückfalten.

Relief aus Alufolie: Zug der Heiligen Drei Könige

Vorbereitung: Vorbereitung: 10 Minuten

Durchführung: 45 Minuten

Kompetenzen: Feinmotorik, Kraftdosierung, Vorstellungskraft, Relief kennen, erproben / Einzelarbeit oder Leporello, Wandfries

Material:
Stoff/dunkles Tonpapier, Alufolie (gebraucht oder neu), kleine Sterne, Geschenke aus Restmaterialien, Klebstoff, Schere

Und so wirds gemacht:
Alufolie aufrollen, über die Tischkante ziehen und in gewünschter Länge abreißen. Jede Figur entsteht einzeln. Dabei wird die Folie für die Beine, Schwanz, Hals und Kopf eingerissen und zur Form leicht zusammengeschoben. Die Könige beginnen an der Kleid-Unterkante und werden zum Kopf weitergeformt. Attribute wie Sterne, Königskronen und Geschenke separat anfertigen und beifügen.

Tipp: Weitere Tiere und Menschen treffen sich auf ihrem Weg zur Krippe.

Kunstwoche: Kachel-Baumallee

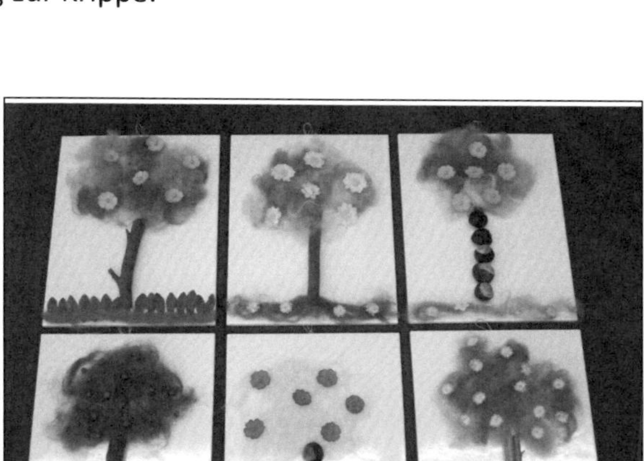

Vorbereitung: 10 Minuten / Kacheln organisieren

Durchführung: 45 Minuten

Kompetenz: genaues und sorgfältiges Arbeiten; jedes Kind stellt eigene Idee vor

Material:
Kacheln (vom Handwerker), kleine Blüten, Papier, Holzreste, Kastanien, Klebstoff, Schere, Märchenwolle
Zusätzlich: Aufhänger oder Aufhängeband

Und so wirds gemacht:
Gewaschene Kacheln einsetzen. Den Baumstamm aus Materialien und Klebetupfer festkleben. Märchenwolle zur Baumkrone auseinanderzupfen und aufkleben. Danach Blüten, Obstkugeln und Rasen hinzufügen.

Recyclingboot aus Plastikflasche

Vorbereitung: 10 Minuten / Materialien sammeln

Durchführung: 45 Minuten

Kompetenz: Abfallmaterialien zu einem Spielzeug (zum Beispiel einem Wasserfahrzeug) kreativ umdeuten

Material:
saubere Plastiklasche z. B von Shampoo, kleine passende Schachteln, Papierfahne, Verschlussdeckel, Klebstoff, Schere oder Cutter. Füllmaterial wie kleine Kügelchen, Kronkorken- Scheiben, Ästchen usw.

Und so wirds gemacht:
Die saubere Plastikflasche waagerecht legen, großzügig ausschneiden und Platz für den Schiffsaufbau schaffen. Diesen nun mit Hilfe von Schachteln und weiteren Wunschmaterialien wie Verschlüssen ausgestalten. Die Schiffsladung besteht aus kleinen Kügelchen oder anderen Materialien. Zum Schluss fehlt nur noch die kleine Landesfahne, unter welcher das Schiff über den Ozean reist.

Spielaktion: In einem kleinen Bach die Schiffstaufe vollziehen und einen Schwimmversuch beobachten.

Kreativtag: Die kleine hungrige Raupe

Vorbereitung: 20 Minuten / Das Bilderbuch der „Kleinen Raupe Nimmersatt" (vor)lesen, echte Raupen betrachten und wieder freilassen.

Durchführung: 45-90 Minuten

Kompetenz: neues Material und Technik erkunden

Material:
langer grüner Kartonstreifen, Alufolie, Restpapier, Wackelaugen, Perle, Schere, Schnur, eventuell Streublüten, Klebstoff

Und so wirds gemacht:
Alufolie in Streifen abreißen und kleine, feste Bälle knüllen. Diese kurvenreich dicht nebeneinander auf dem Aufklebepapier anordnen und festkleben. Den Kopfball etwas größer knuddeln. Restpapier aufeinanderlegen und im Mehrfachschnitt spontan Füße und Rückenpinsel zuschneiden. Unter jedem Bauchball zwei Füße mit Klebepunkten befestigen, die dünnen Papierstreifen mittig schräg abfalten und auf dem Raupenrücken anbringen.

Tipp: Wir haben bei einem Wettbewerb die weltlängste 5-Meter-Raupe gebastelt.

Blumentopf-Futterglocken

Vorbereitung: 10 Minuten

Durchführung: 45 Minuten

Kompetenz: ruhige Hand

Material:
alte Blumentöpfe, Wasser, Seife, Handtuch, Plakatfarben, Pinsel, Schnur. Zum Füllen fest gepresstes Stroh oder selbstgemachtes Margarine-Körner-Futter.

Und so wirds gemacht:
Die gereinigten und trockenen Blumentöpfe mit der offenen Seite nach unten stellen und rundherum bemalen. Trocknen lassen, aus Schnur Aufhängeschleife durchziehen. Mit Stroh, getrocknetem Gras oder angefertigtem Vogelfutter füllen und am Zaun, Ast, Stock ... anbinden und auf die zwitschernden Gäste warten.

Zeitungsbäume

Vorbereitung: 10 Minuten

Durchführung: 45 Minuten

Kompetenz: spontan Formen im Mehrfachschnitt zuschneiden

Material: Aufklebe-Papier, Schere, Farbstifte, Tonpapier, Zeitungspapier, Kleister oder Klebestifte

Und so wirds gemacht:
Baumstamm mit Ästen aufmalen oder in Einzelteile zuschneiden, anordnen und mit Klebepunkten aufkleben. Blätter, Obst, Buchstaben usw. im Mehrfachschnitt zuschneiden und an den Ästen oder in der Baumkrone platzieren. Eine zackige Papiergrasnarbe, Käfer, Sonne, Wolken, kleine Leseratte am Baumstamm lehnend ... hinzufügen.

Gerollte Zeitung: Tierrelief

Vorbereitung: 10 Minuten

Durchführung: 45 Minuten

Kompetenz: Handstärkung, Kraftdosierung, Ideenkompetenz, kein Bildmotiv wiederholt sich

Material: Zeitungsseiten, DIN-A4-Tonpapier, Wackelaugen, Restpapier, Filzstift, Kleister, Schere

Und so wirds gemacht:
Zeitungspapierseiten zu Streifen falten oder Würste rollen. Auf dem Aufklebepapier die gewünschte Tierform (mit Kleister ausgefüllt) vorzeichnen und die Papierwürste auflegen, Tier formen und festdrücken. Ein Ast, Wolken oder Nest vervollständigen diese Reliefarbeit.

Zeitung-Tiergalerie

Vorbereitung: 10 Minuten

Durchführung: 45 Minuten

Kompetenz: aus dem Gedächtnis Tierformen nachempfinden

Material:
DIN-A4-Tonpapier, bedruckte Zeitungspapierseiten, Wackelaugen, Watte, Filzstifte, Restpapier, Schere, Klebstoff (Kleister), Bleistift, Watte

Und so wirds gemacht:
Den Tierumriss aufzeichnen, zuschneiden und aufkleben. Tier mit schwarzem Filzstift umfahren, die Darstellung wird plastischer. Typische Tierfell-Zeichnungen einbringen. Wellen einzeichnen, aus Papier zuschneiden und Schneeformationen mit Watte gestalten.

Winterliche Zeitungsstadt

Vorbereitung: 10 Minuten

Durchführung: 45 Minuten

Kompetenz: innere Bilder in Kunst umsetzen

Material:
schwarzes DIN-A4-Tonpapier, Resttonpapier, Goldpapier, Watte, dunkler Filzstift, Schere, Klebstoff oder Kleister

Und so wirds gemacht:
Haus- und Turmformen, auch im Mehrfachschnitt, zuschneiden. Hausform aufkleben, Dächer aufsetzen und Strukturen wie Dachziegel, Fenster und Türen mit dunklem Stift einzeichnen. Auch Bäume beleben die Arbeit sehr und lockern auf. Watteschnee und Watteschneeflocken lassen eine bezaubernde Winterlandschaft entstehen.

Verschlussdeckel-Memo-Tastspiel

Vorbereitung: 10 Minuten

Durchführung: 45 Minuten

Kompetenz: exaktes Arbeiten, Fingerfertigkeit, Kreativität

Material: Verschlussdeckel, kleine tastbare Gegenstände aller Art, Klebstoff, eventuell Restpapier und Schere

Und so wirds gemacht:

Für das Memo:
Kleine Dinge in die Deckelformen paarweise einkleben. Umdrehen, von unten her ertasten und den Tastpartner finden, um Paare zu bilden.

Für das Tastspiel:
Jeden Glasverschluss-Deckel bei Bedarf innen mit Klebekreis verschönern. Dinge mit einem Klebetupfer einfügen. **Spiel:** Augen schließen oder auf dem Rücken blind ertasten. Kopfbilder aktivieren! Was war denn dies nur? Ertastetes benennen und auf richtig oder falsch kontrollieren.

Tipp: Die Deckel (offen) unter einem Tuch verstecken, erfassen und erkunden.

Gläser-Vasen

Vorbereitung: 10 Minuten

Durchführung: 45 Minuten

Kompetenz: genaues, sauberes, farbenfrohes Arbeiten

Material:
saubere Gläser oder Dosen aller Art, Restwolle oder Bänder, Wackelaugen, Verschlussnase, Klebstoff, Schere

Und so wirds gemacht:
Das Glas Schritt für Schritt rundherum mit Klebstoff bestreichen und eng mit Wolle umwickeln oder Bänder aufkleben. Man darf auch zur Verzierung Glitzersteine oder ein Glasgesicht anbringen.

Gewebte Astbäume

Vorbereitung: 10 Minuten

Durchführung: 45 Minuten

Kompetenz: ungewöhnliches Weben erkunden

Material: drei Astteile, Restwolle, Knöpfe, Perlen

Und so wirds gemacht:
Die Astteile zu einem steilen Dreieck legen und sie mit Wolle zusammenknüpfen. Mittig auch einen langen Astteil nehmen und unten als Baumstamm herausschauen lassen. Damit erhält man eine weitere Webvariante. Unterschiedliche Wolle nun von oben nach unten verweben und den Baum mit weiteren Materialien ausschmücken.

Schildkröte und Boot

Vorbereitung: 10 Minuten

Durchführung: 45 Minuten

Kompetenz: bewusst Materialien sammeln

Material: CD, Flaschenverschlüsse, Murmeln, Knöpfe, Eisstängel, Papier, Wackelaugen, Klebstoff, Kordel, Schnur, Watte, Klebbuchstaben, Schere, Filzstift

Und so wirds gemacht:

Schildkröte: CD-Rand mit Klebstoff besteichen und die Deckel mit der offenen Seite nach oben aufdrücken. Mittig eine Blütenform oder Kreis einfügen und einen höheren Verschlussdeckel mittig präsentieren. Unter der CD mit Krallen ausstaffierte Eisstängel anbringen und aus Restpapier den Schildkrötenhals mit abgefaltetem Kopf anbringen. Die Verschlussdeckel mit beliebigem Material füllen.

Tipp: Unter der CD eine lange Schnur anbringen und ein Aufwickel-Wettspiel ausprobieren.

Boot: Bootskörper legen, aufkleben, Papiersegel, Wolken, Kordelwellen, Papierfische, Perlen und Buchstaben hinzufügen.

Wollbäume im Jahreskreis

Vorbereitung: 10 Minuten

Durchführung: 45 Minuten

Kompetenz: formatfüllend einen Jahreszeitenbaum gestalten

Material:
farbiger Tonkarton, Wollreste aller Art, kleine Stoffblüten, braunes Restpapier, kleine halbe Kugeln, Märchenwolle, Ästchen, kleine Eiskristalle (oder diese einzeichnen), Restpapier, Watte, Klebstoff, Schere

Durchführung:
Baumstamm und Schritt für Schritt die Äste mit Klebstoff vormalen, die Wollstränge aufkleben und abschneiden. Der Baumstamm kann auch aus einem dickeren gesammelten Ästchen angefertigt werden. Typisches aus den vier Jahreszeiten als Bildelemente einplanen und Utensilien wie Leiter, Schneemann oder Blumenwiese integrieren.

Hundertwasser-Styropor-Stadt

Vorbereitung: 10 Minuten

Durchführung: mehrmals 45 Minuten, je nach Hausgröße

Kompetenz: gemeinsam ein Gesamtkunstwerk herstellen und sich dabei gegenseitig unterstützen

Material: Styroporklötze und Kugeln, Plakatfarben, Styroporkleber, Styroporsäge

Und so wirds gemacht:
Bei Bedarf einen groben Entwurf des Gebäudes/Turmes anfertigen, welches in Partner- oder Teamarbeit entstehen soll.
Zuerst das komplette Einzelgebäude erstellen, dann zusammenbauen und anmalen. Miteinander im (Schul-)Eingangsbereich diese märchenhafte Stadt errichten. Ein echter Hingucker und ein tolles Gefühl, was man gemeinsam erarbeiten kann.

Schachtelmasken

Vorbereitung: 10 Minuten

Durchführung: 90 Minuten

Kompetenz: Materialien umdeuten und eine große Maske erstellen

Material: Klebstoff, Schere, größere Schachtel, Papierbögen, alte Geschenke-Schleifen, Verschlussdeckel, Joghurtbecher, Alufolie, Faschingsrollen, Wackelaugen usw.

Und so wirds gemacht:
Die Schachtel am Rand mit Klebstoff bestreichen, das farbige Papier auflegen und Überstehendes abschneiden. Das Gesicht mit allen erdenklichen zuvor gesammelt Materialien ausgestalten. Damit eine dekorative Wand gestalten.
Tipp: Kartonrückseite heraustrennen, Gummiband einziehen und Monstertanz vorführen.

Eisstiel-Kunst

Vorbereitung: 10 Minuten

Durchführung: 45 Minuten oder mehr

Kompetenzen: Geduld, Ideenreichtum, zeichnerische Ausdrucksfähigkeit

Material: Eisstiele, Klebeband, Band, Glitzerherzen, Filzstifte, Wackelaugen, Perlen, Watte, Pfeifenputzer usw.

Und so wirds gemacht:

Da wohne ich: Den Stiel rückseitig mit Klebebändern sichern und Bild aufmalen.

Meine Freunde: Bild zeichnen, Wackelaugen, Pfeifenputzerarme, Haare und Papierschuhe hinzufügen.

Nikolausparade: Oben Gesicht, Mütze und Wattebart gestalten. Darunter Mantelteil rot anmalen und Gürtel sowie Glocke einplanen.

Ein Herz zu verschenken: Eisstängel zum Quadrat mit zwei Klebebändern eng zusammenhalten. Umdrehen, mit der Spitze nach oben legen, Herz und Gruß einzeichnen und gestalten. Aufhängeband mit drei Zierbändern und Herzen fertigstellen.

Jalousienbilder aus Postkarten

Vorbereitung: 10 Minuten

Durchführung: 30 Minuten

Kompetenz: Puzzle erarbeiten und exaktes Kleben

Material:
Postkarte, Papier und Karton zum Aufkleben, Schere, Klebstoff, Briefumschlag

Durchführung:
Postkarte in Streifen, gerade, senkrecht, waagrecht, quer oder in Schlangenlinien durchschneiden und sofort neben sich als Puzzlebild ablegen.

Puzzlespiel: Die Teile in einem Briefumschlag aufbewahren und damit spielen. Sich gegenseitig die Bilder austauschen bzw. ausleihen.

Aufklebebild mit Lücken: Das gelegte Puzzle neben sich legen und Schritt für Schritt auf einen passenden, mit Kleister bestückten Karton oder auf Lücken aufkleben.

Rollen-Kantenhocker

Vorbereitung: 10 Minuten

Durchführung: 45 Minuten

Kompetenz: Spielfiguren basteln, Theater spielen

Material:
Klorollen, farbiges Papier, Pfeifenputzer, Restpapier, Papierklebeaugen, Schere, Klebstoff

Und so wirds gemacht:
Rolle oben und unten mit Klebstoff bestreichen, mit rechteckigem Papier beziehen und Überschüssiges abschneiden. Für Arme und Beine Löcher einstechen und Pfeifenputzer als Gliedmaßen durchstecken. Gesicht gestalten und/oder Papierstreifen, mittig knicken, Schuhe abfalten und als Beine innen in der Rolle festkleben.

Tierische Kantenhocker: Scheibengesichter, Schwänze, Ohren zusätzlich anfertigen.

Spielen: Unten mit der Hand hineingreifen und ein Puppenspiel kann beginnen.

Joghurtbecher-Füchse

Vorbereitung: 10 Minuten

Durchführung: zweimal 20 Minuten

Kompetenz: sorgfältiges Arbeiten und sich gegenseitig unterstützen

Material:
saubere Joghurtbecher, Restpapier in Gelb, Weiß und Orange, Plakatfarbe, Pinsel, Wackelaugen, Aufklebe-Papieraugen, Schere, Klebstoff, Zeitungsunterlage

Und so wirds gemacht:
Joghurtbecher mit der Öffnung nach unten einfarbig oder mit Muster anmalen und trocknen lassen. Aus farbigem Papier Kopf, Ohren, Gesicht, Schwanz und Pfoten – spontan oder mit Schablonenhilfe – zuschneiden. Alle Teile am Becher ankleben.

Korkentiere, Bäume und Figuren

Vorbereitung: Korken sammeln

Durchführung: je Figur etwa 20-45 Minuten

Kompetenzen: nicht ganz einfaches, kleines hartes Material künstlerisch erkunden

Material:
Korken aller Art, halbierte Zahnstocher, Restpapier, Wackelaugen, Stecknadeln, Perlen, Schere, Klebstoff; Achtung! Verletzungsgefahr: Korken vom Erwachsenen mit der Brotschneidemaschine in Stücke oder Scheiben schneiden lassen! Igelschnauzen mit dem Messer anspitzen (Erwachsenenhilfe!).

Und so wirds gemacht:
Diese kleinen Kunstwerke erfordern viel Handgeschicklichkeit und dürfen nie ohne Erwachsenenaufsicht durchgeführt werden. Mit einem Pikser können Löcher eingebracht werden und das Material lässt sich wie bei dem Krokodil ganz rechts unten auffädeln.

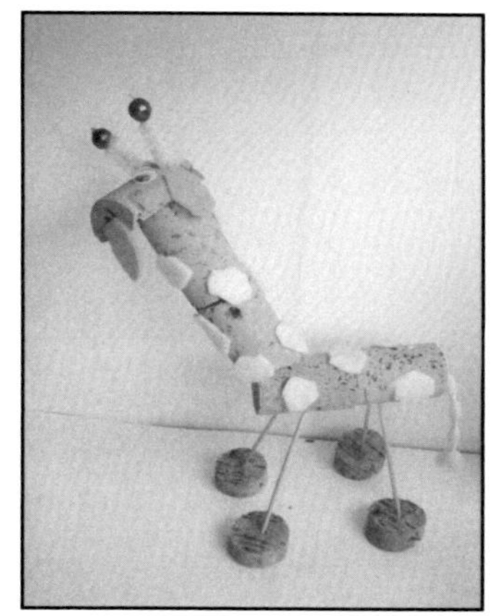
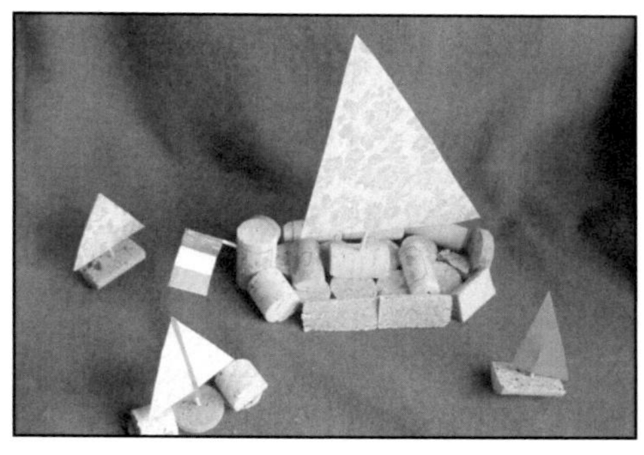

Rollen-Paradiesvogel

Vorbereitung: 10 Minuten

Durchführung: 45 Minuten

Kompetenz: fantasievoll mit Federn arbeiten

Material: lange Rolle, Tonpapier, Wackelaugen, Restpapier, Federn, Schere, Klebstoff

Und so wirds gemacht:
Rechteckiges Papier in Rollenhöhe zuschneiden, Rollenkanten oben und unten mit Klebstoff bestreichen, Papier aufdrücken und Überstehendes abschneiden. Wackelaugen und Spitztütennase einfügen, seitlich den Federflügel (im Rolleninnern den Kopfschmuck) einbringen.

Rapunzel im Turm

Vorbereitung: 10 Minuten / Märchen dazu erzählen

Durchführung: 90 Minuten

Kompetenz: Märchen verstehen und umsetzen

Material:
Rollen, rotes oder weißes Papier, schwarzer Filzstift oder fertiges Steinpapier, Restpapier, Schere, Glas, Bleistift, Kopfkugel, Stoffrest, Pfeifenputzer, Wolle, Klebstoff, Schere

Durchführung:
Rolle bekleben, bemalen, Fenster herausschneiden und aus einem eingeschnittenen überlappenden Kreis das Dach vorbereiten. Rapunzelfigur: Für den Kugelkopf den Pfeifenputzer-Oberkörper biegen, einstecken und mit einem doppelt zugeschnittenen Oberteil anziehen. Aus Wollresten die lange Frisur gestalten. Rapunzel im Turm festkleben, die obere Rollenöffnung mit Klebstoff betupfen und das Dach aufsetzen.
Tipp: Turm auf CD kleben und Seidenpapier-Gebüsch hinzufügen.

Rollen-Flugzeug

Vorbereitung: 10 Minuten

Durchführung: 45 Minuten

Kompetenz: Fluggerät, Flughafen erstellen

Material:
Rolle, farbiges Papier, Restalufolie, Klebeband, Kleber, Bleistift, Schere, Papier

Und so wirds gemacht:
Rolle mit rechteckigem Papier bekleben und Überstehendes abschneiden. Cockpit aus Alufolie leicht knüllen und an der Öffnung einfügen. Cockpitfenster, Flugzeugfenster und Tür aus Klebeband anfertigen und aufkleben. Aus Restpapier Leitwerk, Flügel und kleine Rollenturbinen an der Flügelunterseite anbringen.

Tipp 1: Fahrgestell hinzufügen und eine Flugzeugausstellung organisieren
Tipp 2: Flughafen miteinander gestalten

Dosen-Traktor

Vorbereitung: 10 Minuten / Materialien auf dem Materialtisch auflegen

Durchführung: 45 Minuten

Kompetenz: Fahrzeugvorstellung umsetzen

Material:
leere saubere Dose, Rolle, Karton, Verschlussklammern, Filzstifte, Eierschachtel-Tüllen, Wasserfarben, Kronkorken, Schere, Klebstoff

Und so wirds gemacht:
Die Dose auf einen vorbereiteten Kartonstreifen in Fahrzeuglänge aufkleben. Das Führerhaus aus der Rolle gestalten und aufkleben. Vier Kartonräder zuschneiden und ausgestalten. Mit Kronkorken mittig verzieren und anbringen. Die Traktorenaufbauten aus angemalten Eierschachteltüllen ergänzen.

Rollen-Adventskalenderband

Vorbereitung: 10 Minuten

Durchführung: 45 Minuten pro Rolle

Kompetenz: gemeinsam etwas gestalten

Material:
CD oder Bieruntersetzer, halbe Rollen, Weihnachtsfolie, Klebezahlen, Dekorationsmittel, Kordel, breites Band, Geschenkschleife, Servietten, Klebstoff, Schere

Durchführung:
CD-Rand oder Bierdeckel außen und mittig mit Klebstoff bestreichen, Papier auflegen, festdrücken und Überstehendes abschneiden.
Rolle beziehen und Oberseite ebenfalls dekorativ verzieren.
Die 24 Weihnachtsrollen auf ein oder zwei breite Bänder auflegen, festkleben und oben mit Geschenkschleife dekorieren. Die kleinen Geschenkrollen füllen, beidseitig zubinden und hineinschieben.

Rollen-Stufen-Adventskalender

Vorbereitung: 10 Minuten

Durchführung: 45 Minuten

Kompetenz: miteinander etwas anfertigen

Material:
Rollen, Weihnachtsfolie, Klebezahlen, Füllung, Serviettenstück, blaue Stoffbahn, Strohsterne, Schneekristalle, Zweige

Und so wirds gemacht:
Rollenränder mit Klebstoff bestreichen, rechteckiges Papier aufdrücken und Überstehendes abschneiden. Ziffern 1-24 aufkleben. Rollen füllen und mit zusammengeknülltem Seidenpapier und Serviettenstück verschließen.
Tipp: Rollen als Schneemann, Nikolaus, Tannenbaum oder Rentier gestalten.

CD-Schaukelpferd

Vorbereitung: 10 Minuten

Durchführung: 45 Minuten

Kompetenz: reale Bewegung erproben, Geschicklichkeit

Material:
alte CDs, 2 Korkscheiben, Restpapier, Wackelauge, Perle, Bleistift, Schere, Klebstoff

Und so wirds gemacht:
Tierkopf mit Hals aufzeichnen und doppelt zuschneiden. Mähne, Schwanz und Ohren auf eine Tierhälfte aufkleben und beide Teile bündig aufeinanderkleben. Am Hals unten beidseitig die Korkscheiben als Abstandhalter ankleben und das Tier zwischen die beiden CDs platzieren.
Tipp: Jedes gewünschte Tier- oder Menschmotiv in derselben Technik anfertigen.

Getränkedosen-Kunst

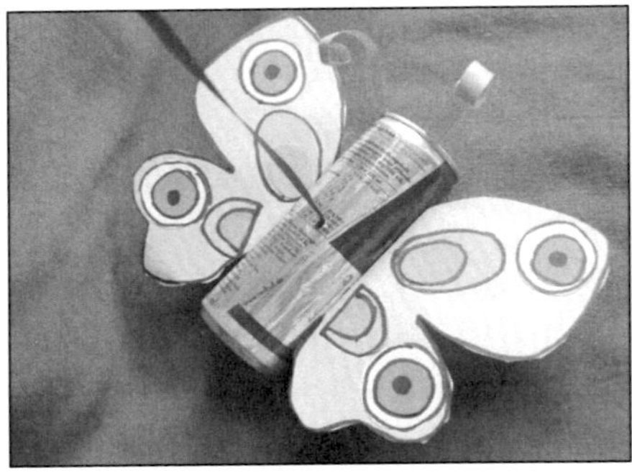

Vorbereitung: 10 Minuten

Durchführung: 45-90 Minuten

Kompetenz: Experimente, Kreativität, Materialumdeutung

Material:
saubere Getränkedosen, Restpapier, Filzstifte, Pfeifenputzer, Rollen, Karton, Verschlussdeckel, Eierkartonreste, Flaschendeckel, Alufolie, Wackelaugen, Aufhängeband, Farben, Klebstoff, Schere

Und so wirds gemacht:
Schmetterling, Maus und Bär sind einfache Projekte. Papierteile zuschneiden, gestalten und ankleben. Aufhängeband für Flatter-Schmetterling anbringen.
Aufwändiger und schwieriger können der Ritter mit dem Drachen oder das Fahrzeug sein.

Fahrzeug: Es erhält Kartonräder aus Flaschenverschlüssen, Eiertüllen und Rollen-Fahrerhaus.

Ritter mit Drachen: Schnauze und Ohren des Drachen werden mit Verschlusskappen arrangiert. Kartonbeine, Zacken-Papierschwanz und Feuerspuck-Streifen hinzufügen. Der Ritter erhält aus Alufolie seinen Rüstungskopf, Schutzarme und Schuhe sowie den Speer. Es fehlt nun noch ein gestaltetes Kartonschild sowie ein Flaschenverschluss-Helm.

Büchsen-Fabelwesen und Boot

Vorbereitung: 10 Minuten

Durchführung: 45-90 Minuten

Kompetenz: ungewöhnliche Materialien sammeln

Materialliste:
Dose, Schrauben, Teesieb, Korken, Band, Flaschenverschlüsse, Knöpfe, Tütenverschluss, Kulli-Spirale, Pompon, Knöpfe, Kulliverschlüsse, Spatel, Pfeifenputzer, Klebstoff, doppeltes Klebeband, Schere
Boot: Fischdose, Eisstiel, Kosmetikpinsel als Ruder, Spielfiguren als Besatzung

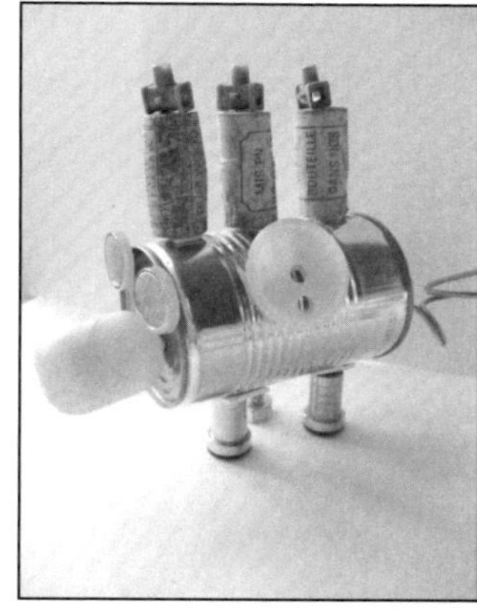

Und so wirds gemacht:
Dose kreativ in ein Fabelwesen verzaubern. Sie wird zum Körper umgedeutet und waagerecht gelegt. Aus diesen Materialien erhält das Fabelwesen alles, was es braucht: Gesicht, Korken, Stacheln, Teesieb-Flügel, Schraubenbeine. Der Fantasie sind keine Grenzen gesetzt.
Fischdosen-Ruderboot: Außenrand mit Klebeband verzieren, Ruderbänke aus Eisstiel gestalten und Pinselruder einlegen.

Tipp: Fabelwesen-Ausstellung anregen

Styropor-Verpackungskunst

Vorbereitung: 10 Minuten

Durchführung: 45 Minuten

Kompetenz: Absprachen, nur einmalige Kunstwerke

Material:
Essensverpackungen, Krepppapier, Wattekugel, Wackelaugen, Filzstifte, Flaschenverschlüsse, Kartonreste, Klebeband, Klebstoff, Schere

Und so wirds gemacht:
Frosch: Schachtel mit Krepppapier einpacken, dabei die Öffnung einbeziehen. Kugelaugen und Froschmaul anbringen.
Tipp: Überraschung in der Schachtel platzieren.
Qualle: Gesicht aufmalen oder aufkleben und im Unterteil der Schachtel Quallen-Fangarme/-Streifen einkleben. Auch hier darf man eine kleine Überraschung deponieren.
Rallye-Auto/Rettungswagen: Der „Aufbau" ist das Oberteil einer zweiten, kleineren Verpackung. Das Fahrzeug erhält ein herausgeschnittenes Fenster, rotes Band, Lichter und Karton-Verschlussdeckel-Räder. Aus einer Kopfkugel entsteht der Fahrer.

Collagen aus Wollresten

Vorbereitung: 10 Minuten

Durchführung: 45 bis 90 Minuten (je nach Idee)

Kompetenz: Kordel drehen, Luftmaschenschnüre herstellen, dreidimensionale Arbeiten

Material:
Wolle, Garn in allen Formen und Farben, Häkelnadel, Aufklebepapier, Restpapier, Stift, auch Strickliesel, Klebstoff, Schere

Und so wirds gemacht:
Zuerst Wolle, Häkelschnüre und gedrehte Kordeln im Vorfeld herstellen. Eine Idee vorbereiten und dazu z. B. den Bärenkopf und die Pfoten aus Papier vorbereiten und Aufklebepapier auswählen. Mit Klebstoff Schritt für Schritt die Umrissform vormalen, innen ausfüllen und die Kordel zum Bildelement aufkleben. Wolken, Sonne und Wiese dürfen aus Wolle oder Papier hinzugefügt werden.

Dreidimensionale Ideen: Tierform zuschneiden, mit Hilfe eines Verschlussdeckels die Grundform zum erhabenen Schneckenhaus o. ä. legen und dann umwickeln.
Einfache Aufgaben: Haus, Blumen, Boote, Schnecke und Schlange
Schwierigere Ideen: Eule, Teddy, Gondel, Maulwurf und plastische Schnecken

Tipp: Bildergalerie oder Ausstellung anregen
Tipp: siehe auch Wollbäume im Jahreskreislauf (Seite 16)

Collage: „Prinzessin auf der Erbse"

Vorbereitung: 10 Minuten

Durchführung: 90 Minuten

Kompetenz: genaues Zuschneiden und Aufkleben

Material:
Bandreste aller Art, dicke Wollreste, Illustrierte oder Zeitungsportrait, Mullbinde (evtl. der Rest davon), DIN-A4-Aufklebekarton, Schere, Klebstoff

Und so wirds gemacht:
Karton bereitlegen. Aus einzelnen Bändern die hohe Matratze gestalten. Dabei seitlich Platz für die Leiter einplanen. Mit dicker Wolle die Bandansätze kaschieren und Bettbegrenzungen aufkleben. Dabei mit Klebstoff die Bettpfosten vorzeichnen und Wolle draufdrücken. Eine Leiter hinzufügen, Prinzessin mit ausgeschnittenem Fotokopf mit Krone (sowie Kissen und Bettdecke aus Mullbinde) fertigstellen.

Teller-Webbäume

Vorbereitung: 10 Minuten

Durchführung: 90 Minuten

Kompetenz: Farbkombination, neue Webtechnik

Material:
gesäuberte Pappteller, Wasser- oder Plakatfarben mit Pinsel und Wasserglas, Papier, Filz- oder Moosgummireste, dicke stumpfe Stopfnadel, Garn oder Wollreste, Eisstiel, Streuartikel, Ästchen, Pikser oder dicker Nagel, Klebstoff, Schere

Und so wirds gemacht:
Den Teller bemalen, grundieren oder mittig einen Papierkreis einfügen. Tannenbaumform sowie Baumstamm aus Restpapier zuschneiden, einkleben und mit dem Pikser oder einem Nagel um die Form Löcher hineinbohren. Mit Nadel und Faden die Fäden von einer zur gegenüberliegenden Seite spannen und den Tellerrand mit Streuartikeln dekorieren. Auf der Rückseite die Aufhängeschleife dazufügen.

Teller-Gesichter

Vorbereitung: 10 Minuten

Durchführung: 45 Minuten

Kompetenz: Feinmotorik, malen

Material:
gereinigte Pappteller und Pappschalen, Wachsfarben, farbiges Papier, Rest-Faschingsrollen, Krepppapierreste, Federn, Wollfaden zum Aufhängen, Klebstoff, Schere

Und so wirds gemacht:
Tellerrand mit waagerecht gehaltener Wachsfarbe in Abreibetechnik farblich gestalten. Nase, Augen und Mundöffnung können herausgeschnitten werden. Spitztütennase einfügen, Frisur kreieren, Federn einfügen oder Gesicht einzeichnen. Auf der Rückseite Aufhängeschleife aus Wolle anbringen.

KOHL VERLAG Kreatives Upcycling für Kinder – Bestell-Nr. 12 903

Alles nur Theater (Aktion)

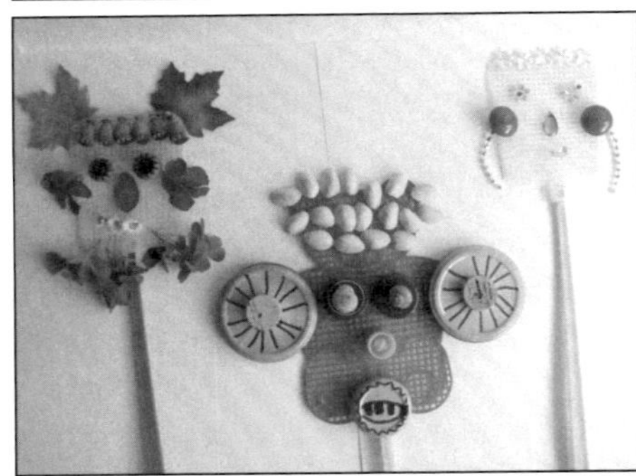

Figurentheater aus Spritzschutz, CD, Fliegenklatsche, Eisstiel oder Karton

Vorbereitung: 10 Minuten

Durchführung: je Figur 45 Minuten

Kompetenz: spontanes, interpretierbares Theater, sprachliche Ausdrucksfähigkeit

Material:
alter Pfannenspritzschutz, CD, Fliegenklatsche, Eisstiel, Wollreste, Flaschenverschlüsse, Herbstblätter, Knöpfe, Pistazienschalen, feste Papierstreifen, Pfeifenputzer, Schaschlikstab, Farben, Lametta, Wackelaugen, Schere, Klebstoff

Und so wirds gemacht:
Pfannenschutz: Aus Wolle, Knöpfen und Verschlussdeckel ein Gesicht kreieren.
Aus CD das Gesicht basteln, Lamettahaare hinzufügen, Papierohren und -arme, Pfeifenputzermund und Spielstab anbringen.
Spatel-Tiertheater: Spatel mit Papierstreifen bekleben, bei Seitenansicht Schnauze dazugeben. Eingeschnittener Papierstreifen zur Mähne umdeuten, Flügel und Giraffenhörner anfertigen und ankleben.

Tipp: In der Entstehungsphase werden die Figuren bereits lebendig und sie unterhalten sich.

Geschicklichkeitsspiel: Gefangen

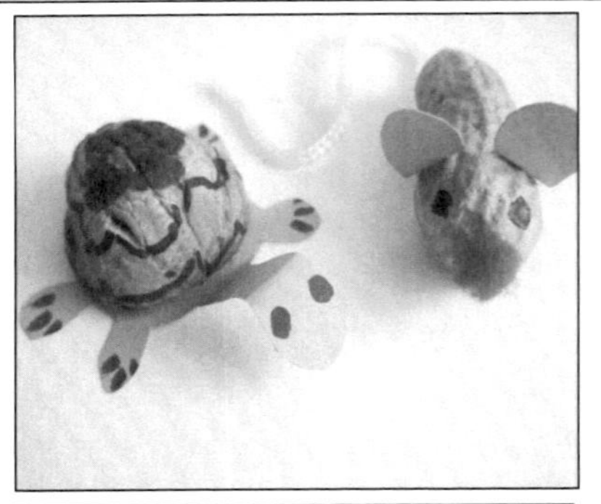

Vorbereitung: 10 Minuten

Durchführung: 45 Minuten

Kompetenz: Partnerspiel, Reaktionszeit

Material:
Karton, Papier, großer Becher, Glas, Bleistift, Walnussschalen, Erdnüsse mit Schale, Filzstifte, Papier, dünne Kordel, Schere, Klebstoff

Und so wirds gemacht:
Auf Karton Glas aufstellen, umfahren, Spielkreis zuschneiden, mit einfarbigem Papier beziehen und aufkleben. Becher bekleben (Bild links oben), Mäuse und Schildkröten aus Nussschalen oder ganzen Erdnüssen mit Papierohren, langen Fang-Kordelschwänzen oder Schildkröten-Papierumriss gestalten.

Spiel: Alle Tiere sitzen im Kreis, Schwänze nach außen. Jedes Spielkind hält das Ende des Tierschwanzes in der Hand. Ein Kind kreist mit einem Becher über ihnen und ruft: „1-2-3, vorbei“ ... und dann saust der Fangbecher nach unten. Wer nicht blitzschnell sein Tier zurückzieht, ist gefangen und scheidet aus.

Besteck, CD und Pinseltheater

Vorbereitung: 10 Minuten

Durchführung: 30-45 Minuten

Kompetenz: Sprachanregung / Förderung

Material:
Besteck, CD, Pinsel, Stäbe, Wackelaugen, Knöpfe, Perlen, Watte, Perlenkette, Federn, Klebebänder, Restpapier, geflochtener Zopf, Obstnetz, Verschlussdeckel, Klebstoff, Schere
Der Fantasie sind keine Grenzen gesetzt!

Und so wirds gemacht:

Bestecktheater:
Gesicht einzeichnen oder aufkleben, Haare aus Blüten, Watte, Band und Bekleidung mit Serviette, Band oder Filzdreieck ankleben.

CD-Märchen-Figuren
CD mit passendem Spielgesicht gestalten und Papierhaare, Wollzopf, Stirnband mit Feder hinzufügen. Spielstab auf der Rückseite festkleben.

Pinseltheater
Ausgediente, gereinigte Pinsel werden ganz rasch zu attraktiven Spielfiguren umgewandelt. Die Pinselhaare mutieren zum Gesicht. Der Stiel wird zum Haltestab dekorativ gestaltet.

Essgeschirr-Plastik-Masken

Vorbereitung: 10 Minuten

Durchführung: 45 Minuten

Kompetenz: Vorstellung im Kopf umsetzen

Material:
gereinigtes Essgeschirr, Obstnetz, Pailletten, Federn, Eisverpackungen, Verschlüsse aller Art, Klebstoff, Schere

Und so wirds gemacht:
Die Schalen mit der Öffnung nach oben oder unten legen und mit Augen, Mund, Zähnen, Ohren und Obstnetzhaube bestücken. Innen Aufhängeband hinzufügen. Alle Masken an einer Maskenwand versammeln lassen.

Siehe auch Schachtelmasken (Seite 16).

Kreative Zettelhalter

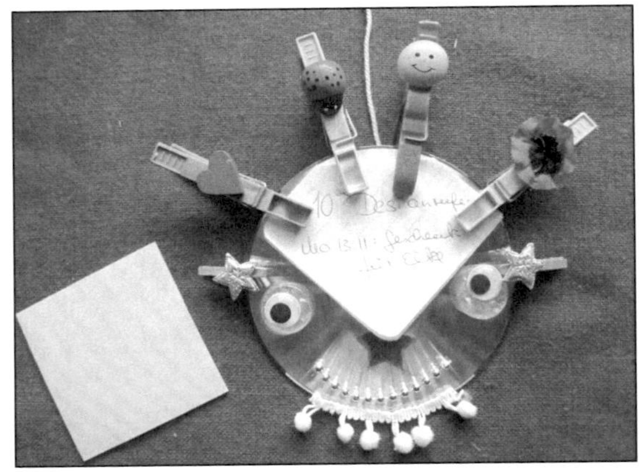

Vorbereitung: 10 Minuten

Durchführung: 45 Minuten

Kompetenz: Feinmotorik, Geschick

Material:
CD, Perlenschnur, Knöpfe, Wackelaugen, Band mit Bommeln, kleine Dekoklammern, bunte Wäscheklammern, kleine Streuartikel, Klebestern, Aufhängekordel, Merkzettelblock, Klebstoff, Schere

Und so wirds gemacht:
Den seitliche Rand der CD mit Augen und Klammerohren gestalten. Den unteren Rand mit Klebestern, Nase, Perlenschnur, Mund und Bommelband verschönern. Halteklammern mit kleinen Dekofiguren wie Herzen, Käfer, Smiley oder Stoffblüten verschönern und als Haare und Haltevorrichtung anklammern. Aufhängekordel auf der Rückseite festkleben.

CD-Kreisel

Vorbereitung: 10 Minuten

Durchführung: 30 Minuten

Kompetenz: bewegliches Spielzeug anfertigen

Material:
CD, Aufklebematerialien aller Art, Buntpapier, Klebstoff, Schere, kleiner angespitzer Stummelstift, etwas Knete

Und so wirds gemacht:
Die CD oben mit Klebesternen, Pailletten oder im Mehrfachschnitt ausgeschnittenen geometrischen Formen gestalten. In das mittige Loch etwas Knete stopfen, Stummelstift mit der Spitze nach unten durchstecken, unten und oben die Knete fest andrücken und mit etwas Schwung die Scheibe tanzen lassen.

Gewürzkunst-Kunstwoche

Alte oder abgelaufene Gewürze aller Art sowie weitere Naturmaterialien

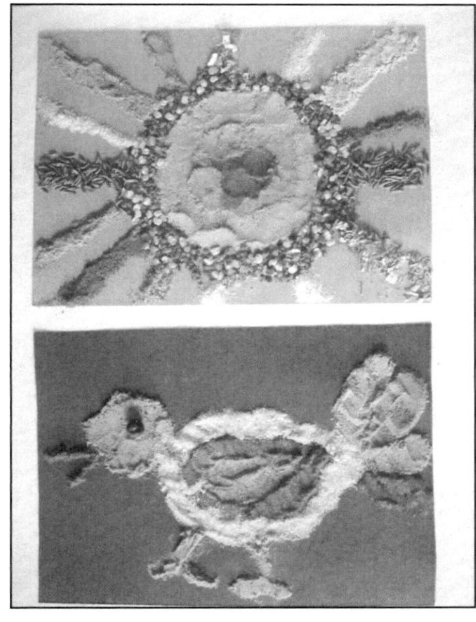

Vorbereitung: 10 Minuten

Durchführung: je Idee 45 Minuten

Kompetenz: Sinneserfahrungen beim Riechen/Schmecken, gestalten mit ungewöhnlichen Mitteln

Material:
Schälchen, Kaffeelöffel, Aufklebepapier, Kleister, Pinsel, Gewürze, Obststeine, Blätter

Und so wirds gemacht:
Mit Kleister ein Bild vormalen, innen ausmalen und mit Wunschgewürzen einstreuen.
Tipp: Auf kleine Karten Gewürze aufstreuen, beschriften und Gewürzbuch für jedes Kind oder als Gruppe gemeinsam gestalten.

Siehe nachfolgende Fotoserie: Workshop - Kunst aus Naturmaterialien

Fotoserie: Workshop - Kunst aus Naturmaterialien

Vorbereitung: 10 Minuten
Alle Obststeine waschen und trocken.

Durchführung: 45-90 Minuten

Kompetenz: Material sammeln, umdeuten und kreativ gestalten

(Infos, Material, Und so wirds gemacht: siehe auch Gewürze)

Material:
halbe Walnussschalen, kleine Muscheln, Schneckenhäuschen, Sonnenblumenkerne, Pfefferkörner, Pfirsichkerne, ganze Erdnuss, getrocknete Wacholderbeeren, Zimtstangen, Pistazienschalen, getrocknete Erbsen, Kirsch- und Pflaumenkerne, Herbstblätter, Korken, Schnur, Wackelaugen, Märchenwolle, Pfeifenputzer, geschälte Mandeln, Klebesterne, Restpapier, Verschlussdeckel, Aufklebepapier, Schere, Klebstoff (dick angerührten Kleister)

Tipp: Die Kinder bringen nicht mehr benötigte Gewürze, Erbsen, Bohnen und sonstige getrocknete Naturmaterial in die Gruppe mit. Alles in Verpackungsbecher sammeln und sinnlich erkunden, ertasten, berühren und daran riechen und auch bei Bedarf kosten. Wissen über die Herkunftsländer zusammentragen und Familien als Gäste aus diesen Ländern in die Gruppe einladen.
Gespräche über diese leckeren Naturmaterialien, woher sie kommen, wie sie wachsen und geerntet werden.

Impulsideen:
großer Blätterbaum, Körnerigel, Herbstblätterigel, nächtliche Walnuss-Giraffe unter einer Palme, Pistazienschalen-Drache, Muschel-Fische, Erbsenfisch, Wacholderbeeren-Igel, Zimtstangen-Korken, Abendspaziergang mit Hund, Getrocknete Erbsen-Palmen, Kamel-Collage, Schneckenhäuser-Schnecke, Pistazienschalen-Eule

Gewürztagebuch

Vorbereitung: 10 Minuten

Durchführung: mehrmals 45 Minuten (Jahresangebot)

Kompetenz: Wissen sammeln und ein Buch gestalten (Langzeitprojekt)

Material:
Tonpapierblätter (DIN-A5-Format), Papierstreifen, kleine Schalen, Glas, Kartonherz, Kartonscheiben, Gewürze aller Art, durchsichtiges Paketklebeband, Teelicht, Verpackungsschleife, Kordel, dicke Wolle, Holzstab, alte Geschenkschleife, Blumentopf mit Erde, Schere, Klebstoff

Und so wirds gemacht:
Duftendes Nelkenglas: Außen mit Zimtstangen und Nelken gestalten. Teelicht hineinstellen und anzünden.

„Dankeschön"-Herz: Herz auf roten Karton aufzeichnen. Ausschneiden, mit Gewürzen bestücken, auf die Streifen „Danke" schreiben und einfügen. Auf der Rückseite einen Holzstab ankleben und eine Schleife sowie ein Aufhängeband dazubasteln. In einen Blumentopf stecken.

Gewürzschalen für ein außergewöhnliches Riech-, Fühl- und Geschmackssinn-Abenteuer.
Buchseite mit Foto, Info über das Gewürz, Gewürzprobenkarte mit Klebeband geschützt.

Gewürzblume: Aus Lorbeerblättern, Nelke und Pfefferkörnern gestalten.

Gewürzrosetten zum Aufhängen: Am Rand beginnen und nach innen arbeiten. Schritt für Schritt flächendeckend Klebstoff auftragen, Gewürze einstreuen oder legen. Zum Schluss außen mit dicker Wolle den Rand umrunden und mit Aufhängeschleife gestalten.

Unser Gewürzbuch war als Langzeitaufgabe und Gemeinschaftswerk angedacht, jedoch gestaltet sich jedes Kind zusätzlich sein eigenes kleines Lieblingsgewürzbuch.

Die Buchbindung erfolgte an einem vergnüglichen Gewürze-Elternabend.

Kleine Schachtel-Monsterbettchen

Vorbereitung: 10 Minuten

Durchführung: 45-90 Minuten

Kompetenz: Feinmotorik, Fantasie

Material:
Streichholzschachteln und andere Schachteln mit Schiebeeffekt, Restpapier, Pompon, kleine Wackelaugen, Wattepads, Servietten, Obstnetz, Märchenwolle, Filzstifte, Klebstoff, Schere

Und so wirds gemacht:
Innenschachtel zum Bett umfunktionieren und mit kleinem Puppenkopf sowie mit Kissen und Decke füllen. Der Kopf besteht aus einem Pompon (Kugel) mit Wackelaugen bestückt. Das Bettzeug aus Wattepad, Obstnetz, Filzrest usw. einsetzen. Den Schiebeteil oben und seitlich bemalen, bekleben (oder mit Knöpfen, aufgemalten Fledermäusen oder Smileys ausgestalten).

Tipp: Eine kleine Überraschung, einen Glückwunsch oder ein Grußgedicht dazulegen.

Das bin ich! (Muttertagsgruß)

Vorbereitung: 10 Minuten

Durchführung: 45 Minuten

Kompetenz: exaktes Schneiden, Einteilen, Gestalten

Material:
alte CD, Portraitfotos (hier aus Werbung), Glas, Bleistift;
zur Dekoration: Pailletten, Perlen, Aufklebesterne, kleine Schneckenhäuschen, Glitzersteine, Klebstoff, Schere

Und so wirds gemacht:
Das Glas auf das Portraitbild stellen, mit dem Bleistift umfahren, zuschneiden und in der CD-Mitte platzieren. Mit Klebepunkten den Rand mit kleinen Wunschmaterialien ausgestalten. Auf der Rückseite eine Kordelschleife zum Aufhängen ankleben.

Tipp: Einen Gruß, ein Gedicht oder persönliche Worte auf der Rückseite einfügen oder mit Hilfe einer kleinen Kordel sichtbar unter der CD anhängen.

Alternativ: Die Botschaft einrollen oder im Minibriefumschlag deponieren und festbinden.

Aktion: Restsocken-Tiere

Vorbereitung: 10 Minuten

Durchführung: zweimal 45 Minuten

Kompetenz: aus Einzelsocken ein Spieltier entwickeln

Material:
Einzelsocken aller Art, Filzreste, Wackelaugen, Augenkugeln, Pfeifenputzer, Pompon, Knöpfe, alter sauberer kleiner Schwamm, Kordel, Klebstoff, Schere
zum Ausstopfen: weitere Socken oder Watte

Und so wirds gemacht:

Giraffe: Socken mit im Mehrfachschnitt zugeschnittenem gelbem Muster, Moosgummiziffern, Buchstaben, Klebesternen oder Pompons usw. gestalten. Der Fußteil wird zum Kopf; diesen mit Wackelaugen, Pfeifenputzer-Hörnern, Filzohren, Augen und Maul ausstaffieren.

Hunde: Sie entstehen wie die Giraffen, jedoch wird der Sockenschaft etwas nach innen gestülpt und als Bauchteil verkürzt. Die Beine entstehen durch Abschneiden eines Spülschwammes.

Fisch: Eine schnelle, einfache Kurzsocken-Kuschelarbeit. Sockenschaft zum Schwanz abbinden und mit Flossen, Fischgesicht und zusätzlichen Streifen ausgestalten.

Alle Tiere unten zukleben, zunähen oder abbinden.

Sorgenfresser-Handpuppe: Das Vorderteil der Socke wird zum Handspielkopf mit Kugelaugen, Filzzunge, Kugelnase und Schallohren hergestellt. Mit der Hand hineinschlüpfen und sofort hört sie alle Kindersorgen geduldig an.

Mobile: Pirat, Hase mit Möhre, Gitarre

Vorbereitung: 10 Minuten

Durchführung: je Aufgabe 45 Minuten

Kompetenz: reale Bewegung erkunden

Material:
CD, Papier, Glitzerkarton, Wackelaugen, Pailletten, Perle, Pfeifenputzerrest, Farben, Bleistift, Klebstoff, Schere

Und so wirds gemacht:

Pirat: CD auf rotes Papier legen, umfahren, halbieren, Papier zu Fransenstreifen zuschneiden, zur Kopfbedeckung arrangieren und aufkleben. Gesicht mit Wackelauge, Augenklappe aus Papier, mit Perlennase und Pfeifenputzermund vervollständigen

Gitarre: Sie erhält Schmuck-Pailletten, Glitzersaiten und Glitzer-Gitarrengriffe

Hase mit Möhre: Aus Papier Kopf, Ohren, Tasthaare und Möhrenteile zuschneiden. Hasenkopf gestalten, Möhre mit Grünzeug anfertigen und Mithilfe einer Kordel untereinander aufhängen.

Dekoration: Mehrere Piraten, Gitarren, Hasen mit Möhren auf der Rückseite mit einer Kordel verbinden und als Bewegungsspiel, Mobile an einem Ast, Fenster oder Decke aufhängen. Fällt Licht darauf, glitzert die CD in Regenbogenfarben.

Teamwork: Traumgarten

Vorbereitung: 10 Minuten

Durchführung: mehrmals 45 Minuten

Kompetenz: sich absprechen, Teamaufgabe

Material:
Schachteldeckel, Rolle, Eisschirmchen, Papier, bedruckter Karton, kleine Kopfkugeln, CD, Papiertaschentuch-Lage, Filzstifte, Pailletten, Korkscheibe, Klebstoff, Schere

Und so wirds gemacht:

Baum 1: Klorolle bekleben, oben zweimal einschneiden und zugeschnittene Baumkrone einstecken.

Baum 2: Grünes Papier doppelt legen, Baumkrone aufzeichnen, zuschneiden, eine mittig von oben, die andere von unten bis zur Hälfte einschneiden und zusammenstecken. Baumstamm anfertigen, ankleben, unten den Stehfuß umknicken.

Blumen: Aus Papier im Mehrfachschnitt zuschneiden, Blütenblätter nach oben falten und mittig mit Paillette schmücken.

Bank: Rechteck mittig falten und unten Papierfüße anbringen.

Springbrunnen: Aus CD, mit Wasser aus einer Lage Papiertaschentuch mittig bestücken.

Schachtelrand innen mit bedrucktem Papierstreifen schmücken, Tür ein- oder ausschneiden.

Tipp: Einzelaufgabe: Auf CD seine eigene kleine Trauminsel anfertigen.

Pappschalen und Teller-Kunst

Vorbereitung: 10 Minuten

Durchführung: 45-90 Minuten

Kompetenz: Wegwerfgeschirr neu beleben

Material:
Pappschalen, Teller, Plakatfarben, Pinsel, Wasserglas, CD, Muscheln, Foto, Moosgummibuchstaben, Filzreste, Filzstift, Dekomaterial, Stifte, Schere, Klebstoff

Und so wirds gemacht:
Schalenrand innen oder außen mit Farbe gestalten und trocknen lassen.

Außenteil: Rand mit Pailletten, aufgemalten Streifen und Papierkreis mit Text wie „Bitte nicht stören" sowie Schmuckelementen gestalten.

Dankeschön: Rand zweifarbig bemalen, mittig die CD einfügen und diese mit Doppelherz, Glitzerherz sowie Dankesgruß aus Moosgummi-Buchstaben fertigstellen.

Du bist einfach toll: Teller bemalen, Foto rund schneiden und einfügen. Den Tellerrand mit gesammelten Muscheln vom Sommerurlaub schmücken.

Blütenteller: Farbenfroh mit Blüten, Mustern und Pailletten gestalten.

Tipp: Aufhängekordel auf der Rückseite anbringen – ein toller Wandschmuck ist fertig.

Pappschalen-Marsmensch

Vorbereitung: 10 Minuten

Durchführung: 45 Minuten

Kompetenz: Kopfkino starten

Material:
gereinigte Pappschalen, Verpackungsnetz, Flaschenverschlüsse, Pfeifenputzer, Aufhängeband, Schere, Klebstoff

Und so wirds gemacht:
Der Kopf besteht aus einer waagerecht abgelegten Pommesschale, der Körper aus einer Suppenschale. Arme und Beine sind aus der Pommesschale entwickelt worden. Zur Dekoration werden unterschiedliche Flaschenverschlüsse dekorativ eingesetzt. Beide Schalenformen gestalten und zum Körper zusammenfügen. Arme und Beine zuschneiden und fertig ist der Außerirdische. Auf der Rückseite das Aufhängeband anbringen und eine Marsmenschen-Versammlung einbestellen.

Tipp: Wie sie heißen, woher sie kommen und was sie sich wohl zu erzählen haben?

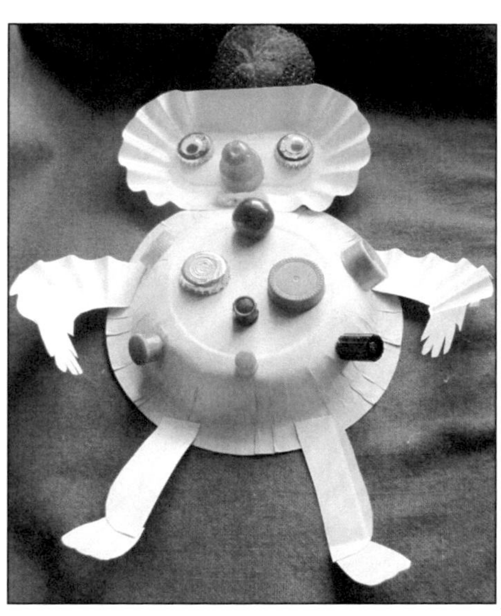

Blechis Treffen

Vorbereitung: 10 Minuten

Durchführung: 45-90 Minuten

Kompetenz: bewegliche Fantasiefigur kreieren

Material:
Figur 1: Teelichterbehälter, Cremedose, Fischdose, kleines Vorhängeschloss, Alufolie, Schraubunterlagen, Textilband, Wackelaugen, Klebstoff, Schere

Figur 2: Zusatz: Obstnetz, Flaschenverschlüsse, Deckel eines Marmeladenglases, Perlen, Münze, Druckknöpfe, Leitz-Verschlüsse, Pikser, Nadel und Garn

Figur 3: Zusatz: Alufolie, Schraubunterlagen, Pailletten

Figur 4: Zusatz: Papier-Eistüte, Deko-Fähnchen, Märchenwolle

Und so wirds gemacht:
Materialien auf Bänder kleben oder mit Löchern versehen und auffädeln: Flaschenverschluss-Perle usw. im Wechsel.

Tipp: Aufhängeband anfügen und eine tolle Blechi-Wand gestalten. Die Betrachter zum Knobeln auffordern, welche Materialien verwendet wurden.

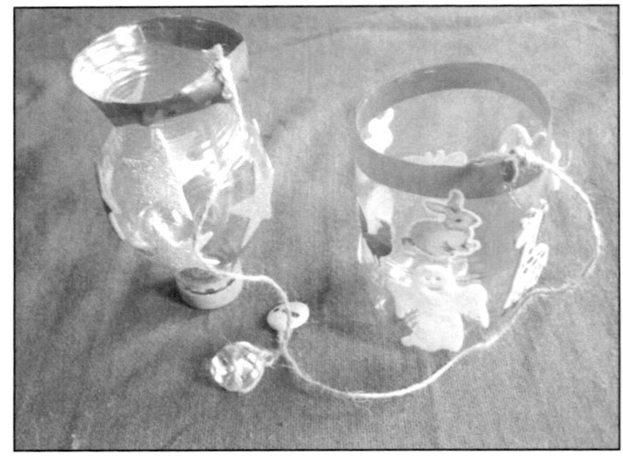

Plastikflaschen-Wurfspiel

Vorbereitung: 10 Minuten

Durchführung: 30 Minuten

Kompetenz: Frustrationstoleranz, Geschicklichkeit

Material:
große Plastikflasche, Schere/Kutter, Klebeband, Schnur oder Wolle, Perle oder Knopf, Aufkleber

Und so wirds gemacht:
Flasche mittig durchtrennen, Schnittstellen mit Klebeband gegen Verletzungen sichern und mit Klebebildern verzieren. Wurfschnur mit Perle oder Knopf am Ende anbringen.

Spiel: Durch gezieltes Schleudern mit der Flasche den Knopf auffangen.

Zeitung-Gemäldegalerie

Vorbereitung: 10 Minuten

Durchführung: 45 Minuten

Kompetenz: Material zweckentfremden

Material:
Zeitungsseite, Tonpapier (DIN A5),
Textmarker, schwarzer Filzstift, Klebstoff, Schere

Und so wirds gemacht:
Aus der Zeitung in gewünschter Größe einen Text ausschneiden und einen Figuren-Umriss formatfüllend mit schwarzem Stift aufzeichnen.
Die Figur innen mit Textmarker gestalten und das Bild auf ein einfarbiges Tonpapier kleben.

Baufahrzeuge

Vorbereitung: 10 Minuten

Durchführung: 45-90 Minuten

Kompetenz: schneiden und gestalten

Material:
Milchbox, Obstbehälter, Karton, Flaschenverschlüsse, Korkscheiben, breites Klebeband, Restkarton, Rolle, Verschlussdeckel, Kegelfigur als Fahrer, Klebstoff, Schere

Und so wirds gemacht:
Kipplaster: Milchkarton-Führerhaus anfertigen, Fenster ausschneiden und auf Karton kleben, Obstbehälter zum Kippen hinten mit breitem Klebeband am Karton befestigen. Aus Karton die Kipp-Auflage basteln und gestalten. Kartonräder innen (mit Abstand), Korkscheiben und außen mit Flaschenverschluss anfertigen.

Straßenwalze: Aus halbem Getränkekarton das Führerhaus basteln und auf Karton kleben. Rolle zur Walze umdeuten, diese beziehen und seitlich mit Kartonstreifen vervollständigen. Am Karton beide Räder anbringen.

Traktor: Führerhaus und Vorderteil bestehen aus zwei Kartons, diese mit Papier beziehen und ausgestalten. Räder anfertigen und ankleben. Sahnetülle und Kugelverschlüsse ergänzen den Fahrzeugaufbau.

Tipp: Weitere Fahrzeuge erkunden.

Das ist mein Zimmer

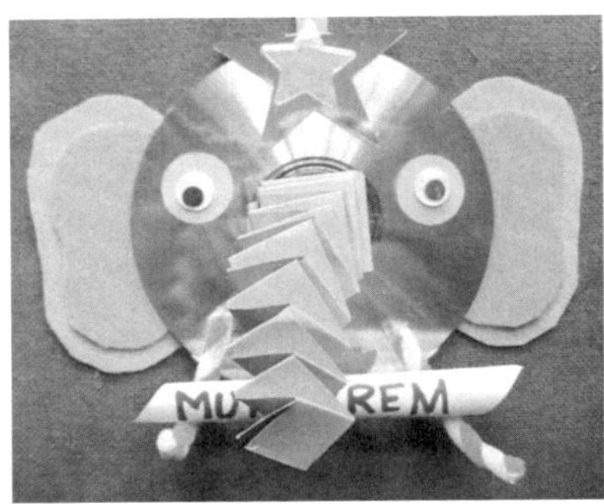

Vorbereitung: 10 Minuten

Durchführung: bis 90 Minuten

Kompetenz: eigener Lebensbereich

Material 1:
CD, Pailletten, Restpapier, Wackelaugen, Klebebuchstaben, Filzreste, Pfeifenputzer-Reste, Klebstoff, Schere, Aufhänger

Material 2 (Zusatz):
Kacheln, Knete, eigenes Foto, kleines Plastik-Flugzeug oder Spielfiguren aus Überraschungs-Eiern, Farbstifte, Nagellackreste mit Pinsel, Klebstoff, Schere

Und so wirds gemacht:
Namensfisch: Flossen, Schwanz, Maul und Namenskarte aus Papier zuschneiden und aufkleben. Namen aus Klebebuchstaben hinzufügen, Rand mit Pailletten verzieren und Aufhänger auf der Rückseite anbringen.

Elefant: Ohren aus Papier anfertigen, Rüssel in Hexentreppen-Technik falten und Gesicht gestalten. Pfeifenputzer-Stoßzähne halten den Rollennamen.

Kachel bemalen: Mit Restnagellack (Fenster öffnen) Kreise zeichnen, mit Filzstift abgrenzen. Namen aufkleben, Foto dazugeben und oben ein kleines Lieblingsspielzeug dekorativ einfügen.

Knete-Kachel: Ein Knete-Bild dünn auftragen und im Regenbogen die Namensbuchstaben eindrücken.

Blüten-Namen: Kreise im Mehrfachschnitt aus farbigem Papier als Blütenkranz zuschneiden. Mit Punkten verzieren und unter der CD festkleben. Auf der CD mittig ein fotografiertes oder gemaltes Portrait mit Namensbuchstaben gestalten.

Verschlussdeckel-Kunst

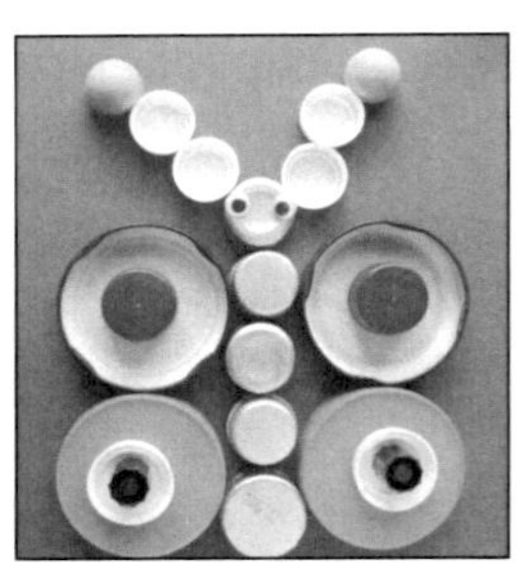

Vorbereitung: 10 Minuten

Durchführung: 45 Minuten

Kompetenz: Geduld, Bilder im Kopf abrufen

Material:
Verschlussdeckel aller Art, Wackelauge, Pfeifenputzer, Papier, Kordel, Pailletten, Nuggets, Karton, Papier, Klebstoff, Schere

Und so wirds gemacht:
Wunschbild neben sich legen und Schritt für Schritt auf das Aufklebepapier übertragen. Dabei jeden Verschluss unten am Rand mit Klebstoff bestreichen und aufkleben. Alternativ: Klebestraßen zeichnen und Deckel aufdrücken. Tierattribute wie Stoßzähne, Schwanz, Ohren, Elefantendecke usw. aus weiteren Materialien hinzufügen und den Boden legen.

Schuh-Designer (Kreativwerkstatt)

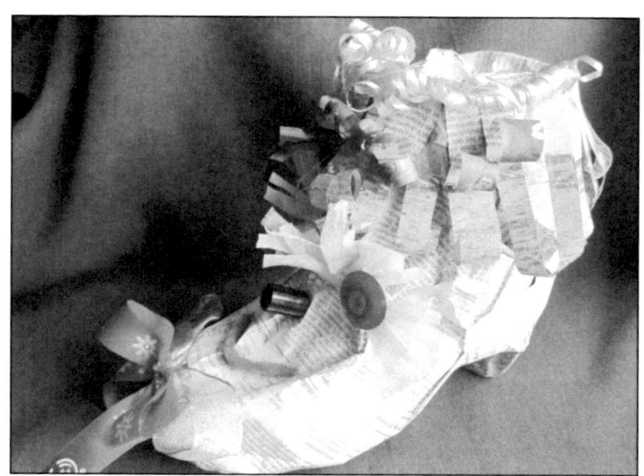

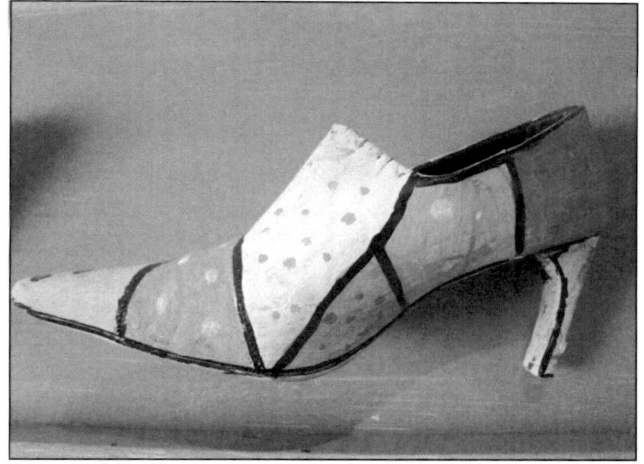

Vorbereitung: 10 Minuten

Durchführung: 90 Minuten

Kompetenz: Material zweckentfremden

Material:
sauberes altes Schuhwerk, Plakatfarben, Karton, Krepppapierstreifen, Knöpfe, Korken, Flaschenverschlüsse, Deckel, Verschlüsse, Eisstängel, Alufolie, Weihnachtskugeln, Pfeifenputzer, Schere, Klebstoff (Der Fantasie sind kleine Grenzen gesetzt.)

Und so wirds gemacht:
Schuh kreativ bemalen oder mit unterschiedlichen Materialien bekleben. Und ruckzuck wird aus einem alten Schuh eine fliegende Kiste, ein Rennauto oder ein lachender Gummistiefel.
Tipp: Schulgemeinschaft im Designer-Wettbewerb einbeziehen und danach eine geniale Designer-Schuhausstellung präsentieren.

Flaschentiere

Vorbereitung: 10 Minuten

Durchführung: 45 Minuten

Kompetenz: Kopfbilder umsetzen

Material:
kleine Glasflaschen (auch gefärbt), Restpapier, Wackelaugen, Perlen, Pfeifenputzer, Wasserfarben, Pinsel, Wasserglas, Bleistift, Klebstoff, Schere

Und so wirds gemacht:
Giraffe: Das Glas gelb bemalen und im Mehrfachschnitt braune Flecke in unterschiedlichen Größen zuschneiden und aufkleben. Aus Papier Füße, Kopf und Ohren aufzeichnen, zuschneiden und den Kopf mit Pfeifenputzerhörnchen und Perlen vervollständigen. Und nicht den Pfeifenputzerschwanz vergessen.

Pinguin und Pferd: Die sind aus dunklen Maggi-Flaschen. Köpfe, Bauch, Flügel und Mähne aus Papier zuschneiden und aufkleben. Beine und Schwanz entstehen aus Pfeifenputzern.

Koalabär und Ente: Sie erhalten einen Papierkopf, einen Schwanz sowie Flügel mit eingeschnittenen Papierstreifen über die Schere gezogen) sowie weitere Merkmale.

Tipp: Zur Standsicherheit etwas Sand einfüllen.

Sand-Sägemehl-Kleister-Modelliermasse

Vorbereitung: Aus angerührtem dickem Kleister sowie Sand oder Sägemehl einen festen Teig kneten. Die Modelliermasse in Schalen bereitstellen.

Durchführung: 45 Minuten

Kompetenz: Handgeschmeidigkeit, Feinmotorik

Material:
Schüssel, angerührten Kleister, Papier und Tisch zum Trocknen der Figuren, bei Bedarf Plakatfarben zum Bemalen, Wackelaugen, Klebstoff

Und so wirds gemacht:
Aus einem Teigball mit der Hand eine Kugel formen, diese flachdrücken und die gewünschte Reliefform modellieren und anschließend trocknen lassen. Danach Wackelaugen sowie Nase anbringen, die Figuren belassen oder bemalen.

Tipp: Bei Bedarf während des Trockenvorganges ein Aufhängeloch hineinbohren.

Zitronensaftbehälter-Tiere

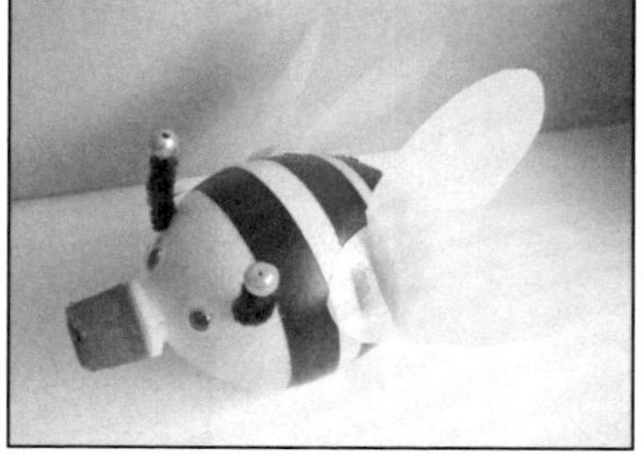

Vorbereitung: 10 Minuten

Durchführung: 45 Minuten

Kompetenz: Kopfbilder umsetzen

Material:
saubere Zitronensaft-Behälter, Wackelaugen, Pfeifenputzer, kleine Perlen, Transparentpapier, Restpapier, Federn, schwarzes Klebeband, Schere, Klebstoff

Und so wirds gemacht:
Je nach Wunschtier die Plastikflasche legen oder stellen.

Biene: Schwarze Klebestreifen aufkleben, Transparentpapier-Flügel doppelt zuschneiden, Wackelaugen und Pfeifenputzer-Perlen-Fühler anbringen.

Fisch: Flossen aus Papier zuschneiden und einschneiden, auch bemalen. Auf Flaschendeckel das Wackelauge kleben und Augen aufkleben.

Hahn: Eingeschnittene, farbige Papierstreifen für Flügel und Schwanz über die Schere ziehen, übereinander kleben und aufkleben. Papierfüße, Papierschnabel und Kopffedern komplettieren den Hahn.

Kochlöffel-Nikolaus

Vorbereitung: 10 Minuten

Durchführung: 45 Minuten

Kompetenz: Holzlöffel gestalten

Material:
alte Koch- und Rührlöffel, rote Plakatfarbe, Filz, Moosgummi oder Stoff, Wackelaugen, Perle, Aufhängeschnur, Klebstoff, Schere

Und so wirds gemacht:
Den Löffelstiel und die obere Hälfte des Löffels rot anmalen und trocknen lassen. Aus weißem Material den Bart sowie den Mützenbesatz zuschneiden, gestalten, aufkleben und die Nase anbringen.

Glitzer-Rosette

Vorbereitung: 10 Minuten

Durchführung: 45 Minuten

Kompetenz: anspruchsvolle Schneidearbeit

Material: Verpackungstüten z. B. von Kartoffelpüree, Weihnachtsfolien-Reste, Tonpapier, Schere, Klebstoff

Und so wirds gemacht:
Etwa drei Verpackungstüten aufeinanderlegen und spontan 8 große Augenformen im Mehrfachschnitt zuschneiden. Diese mittig falten und an der Bruchkante feine Dreiecke herausschneiden. Diese leicht überlappend an den Sternspitzen zur Rosette aufkleben. Aus vorbereitetem Restpapier 3-5 immer größere werdende Kreise zuschneiden, sie zur Rosette aufeinanderfügen und jedes einzelne leicht nach oben drücken. Dann auf der Sternrose einfügen.

Kreativ-Workshop: Gestalten mit alten CDs

Vorbereitung: je 10 Minuten

Durchführung: je 45-90 Minuten

Kompetenz: experimentelles Gestalten

Material:
alte CD, Pailletten, Plakatfarben, restlicher Nagellack (Fenster öffnen, Dämpfe!), Band Restpapier, Wackelaugen, Farbstifte, Bleistift, Glas, Feder, Krepppapier, Verschlussdeckel, Aufhängekordel (Rückseite), Urlaubsmünzen oder Golddukaten, Klebstoff, Schere

Und so wirds gemacht:
Bild *Frühlingswiese*: gemalt mit Nagellack
Fisch auf Futtersuche: mit Pailletten und Papierresten
Tiefseebewohner *Kugelfisch*: mit Pailletten, Papier, Perlenkette
Medaillen: Glas umfahren, zuschneiden, aufkleben, Golddukaten einfügen, Rand gestalten
Fledermaus: Papierflügel, Augen, Nase, Zähne und Füße zuschneiden und anbringen
Gefühlsbarometer: Gefühls-Gesichter zuschneiden, gestalten: Heute fühle ich mich ...
Klein-Adlerauge: CD beziehen, Kopf gestalten, Krepppapierhaare und Feder einfügen
Clown und Maske: Nagellack-Gesicht aufmalen, mit weißen Punkten schmücken, Nase mit Verschlussdeckel einsetzen
Fisch-Mobile: Flossen, Maul und Augen zuschneiden, beidseitig bekleben und am Ast aufhängen
Tipp: mittiges Loch überkleben

Becherkunst-Workshop

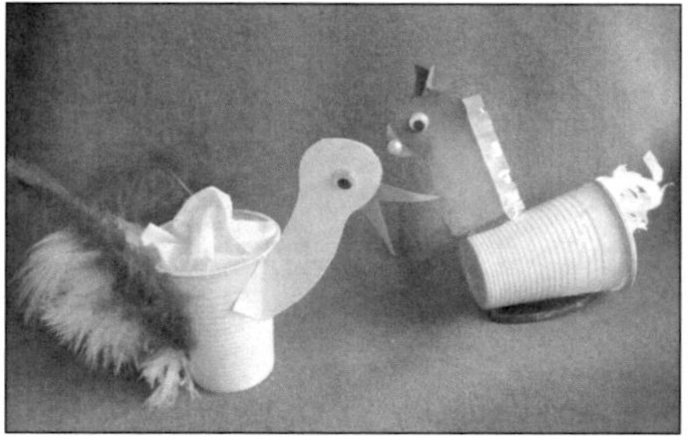

Vorbereitung: 10 Minuten

Durchführung: 45 Minuten

Kompetenz: Spielfiguren basteln

Material:
Papp- oder Plastikbecher, Sahne-Verschlussdeckel, Restpapier, Wackelaugen, Pompon, Pfeifenputzer, Krepppapier, Verschlussdeckel, Gläserverschlüsse, Pfeifenputzer, Pailletten, Watte, Klebeband, Perlen, Papierförmchen, Filzstift, Federn, Klebstoff, Schere

Und so wirds gemacht:

Rennauto: Zwei Becher auf der Lücke unten mit Klebestreifen verbinden, Verschlussdeckel-Perlen-Räder anbringen und Lichter hinzufügen.

Schneemänner: Becher mit Öffnung nach unten mit Gesicht und Knöpfen ausstaffieren und Hüte aus Verschlussdeckeln kreieren.
(Tipp: Mit Ziffern zum Advents-Schneemannzug gestalten und unten eine kleine eingepackte Überraschung deponieren.)

Eichhörnchen: Das Gesicht, den weißen Bauch, Hörnchen und Arme aus Papier anfertigen. Aus eingerolltem Papierstreifen den Schwanz gestalten. Darunter ein Nusspäckchen deponieren.

Kleines Gespenst: Aus weißem Krepppapier Streifen abschneiden, im Becherinnern einkleben, Gesicht und weiße Haare schneiden, Gesicht und Arme anfügen.

Theaterfiguren: Becher mit Gesicht, Schnabel, Ohren und Kamm typisieren. Einen Wurfring aus dem Pfeifenputzer biegen und als Spiel einsetzen. Treffsicher den Ring werfen.

Tiere und Mensch: Aus Papier Tiermerkmale wie Hals mit Kopf und Gesicht schneiden sowie aufkleben. Federschwanz oder geflochtene Zöpfe vervollständigen die Figur. Themenangebote: Besuch im Zoo, unsere Haustiere, Hütemenschen.

Leuchtturm: Becher mit Streifen bemalen, Tür einkleben, aus Verschlussdeckel Leuchtfeuer erstellen. Auf der CD den Sand, Muscheln und Steine platzieren.

Kokosnuss-Kunst

Vorbereitung: 10 Minuten

Durchführung: 45 Minuten

Kompetenz: leere Kokosnüsse sammeln, umdeuten

Material: leere Kokosnuss, Papier, Karton, Pfeifenputzer, Feder, Farbstifte, Schere, Klebstoff

Und so wirds gemacht:
Die Kokosnuss senkrecht oder waagerecht legen und mit den typischen Tierattributen ausstaffieren. Diese aus Papier zuschneiden, aufkleben und weitere Attribute hinzufügen.

Maus: Sie erhält aus mittig eingeschnittenen Kreisen, welche zu Hüten geklebt werden, Ohren. Pfeifenputzerschwanz, Papieraugen und Papiernase vervollständigen sie.

Hahn: Schnabel, Kamm, Schwanz und Flügel aus eingeschnittenen Papierstreifen basteln.

Fisch: Augen, Flossen und Maul aus Papier anfertigen und ankleben.

Affe: Augen, Mund sowie große Ohren aus Papier gestalten und Pfeifenputzer-Schwanz anfügen.

Stammeshäuptling Uataipatel: Gesicht und Stirnband gestalten sowie Federn anbringen.
Aus Kartonrest den Aufsetzring kleben und die Figur hineinstellen.

Wattestäbchen-Gerippe

Vorbereitung: 10 Minuten

Gespräch: Was ist ein Gerippe, was löst es in uns aus?

Durchführung: 30 Minuten

Kompetenz: feinmotorische Aufgabe

Material:
Tonpapier, nicht mehr benötigte Wattestäbchen, Schere, Korken, Eisstängel, Wattepad, Restpapier, Filzstifte

Und so wirds gemacht:
Zuerst einmal spielerisch ein Gerippe legen, dabei mit der Schere die Stäbe in jede gewünschte Länge aufteilen. Hat man seine Wunschfigur erkundet, wird der Gerippekörper mit Kleister vorgemalt und die Stäbe aufgedrückt. Sonne, Boden und Spielmaterialien sowie einen Papier-Totenkopf einfügen.

Kunstprojekte aus Alufolie

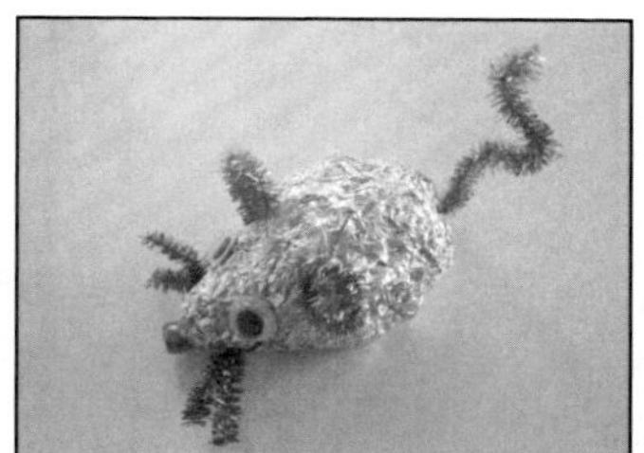

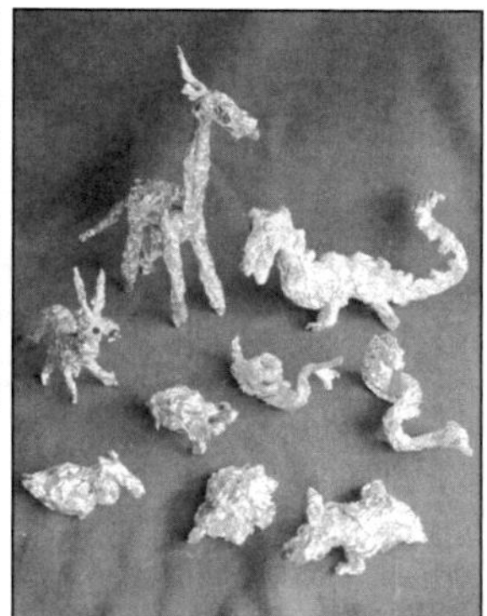

Vorbereitung: 10 Minuten

Durchführung: 45-90 Minuten

Kompetenz: Handgeschicklichkeit, Bilder im Kopf

Material:
saubere Alufolie oder neue Restalufolie, Perlen, Pfeifenputzer, Wackelaugen, Verpackungsmaterialien von Chiptüten oder Pralinen usw., Schere, Klebstoff

Und so wirds gemacht:
Buchstaben, Ziffern: Alustreifen zu Würsten rollen, knuddeln oder kleine Kugeln knüllen und daraus Buchstaben oder Ziffern formen. Dazu Worte oder kleine Aufgaben anfertigen.

Tipp: Ruckzuck wieder geradebiegen, neuen Versuch starten. Im Briefumschlag sammeln.

Wand-Ast: Alu-Ast modellieren, Zweige dazu einbinden und aus Verpackungstüten im Mehrfachschnitt Blätter zuschneiden und anbringen.

Weihnachtsmaus: Maus modellieren, Augen, Barthaare, Nase und Schwanz anfügen.

Tiere aller Art: Aus zusammengeschobener oder geknüllter Alufolie Tiere aller Art herstellen. Tiere mit langen Beinen und Hals mit Hilfe eines eingefügten Zahnstochers stabilisieren.

Sportler in Aktion aus Alufolie

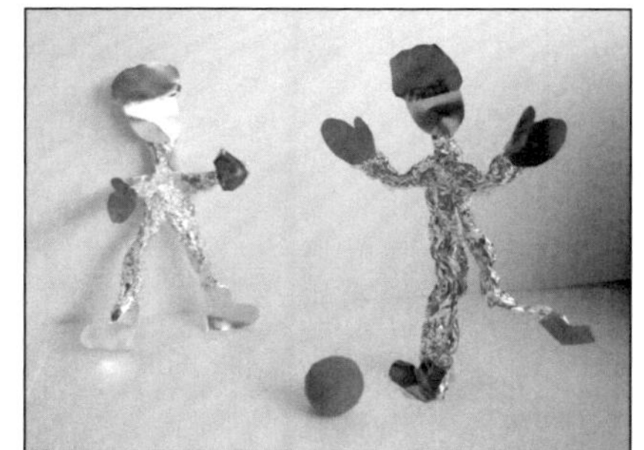

Vorbereitung: 10 Minuten

Durchführung: 45 Minuten

Kompetenz: Bilder im Kopf umsetzen, Handgeschicklichkeit

Material:
Alufolienreste, Folienpapier, Pomponball, Klebstoff, Schere, Filzstift

Und so wirds gemacht:
Einen breiten Alufolienstreifen seitlich für Arme, senkrecht für Füße, einschneiden und die Sportler durch Material zusammenschieben, drücken und formen. Aus Weihnachtsfolien-Resten die Köpfe, Frisuren, Hände und Schuhe zuschneiden. Diese anfügen undmit Filzstift Haare und Gesicht gestalten.

Aluschalen-Masken

Vorbereitung: 10 Minuten

Durchführung: 45 Minuten

Kompetenz: Jahreszeitenaufgabe umsetzen

Material:
gereinigte Aluschale, Faschingsrolle, Kugeln, Verschlussdeckel, kleine Tortendeckchen, Federn, Lamettastreifen, Obstnetze, Klebstoff, Schere

Und so wirds gemacht:
Form mit Öffnung nach oben oder unten zur Faschingsmaske umdeuten. Gesicht aus Verschlussdeckeln kreieren und einkleben. Haare aus Resten von Faschingsrollen oder Lametta hinzufügen und Kopfschmuck gestalten. Alles festkleben, Aufhänger anbringen und Maskenwand installieren.

Weihnachtliche Rollenkerzen

Vorbereitung: 10 Minuten

Durchführung: 45 Minuten

Kompetenz: Fantasie, Genauigkeit

Material:
Küchenrollen, Verschlussdeckel, CD, Bierdecken, Filz, Bänder, Märchenwolle, Streuartikel, Klebstoff, Schere

Und so wirds gemacht:
Rolle oben und unten mit Klebstoff bestreichen, Filz auflegen, festdrücken und Überstehendes abschneiden. Rolle beliebig verzieren. Flamme aus Märchenwolle zupfen und einfügen. Deckel, CD als Kerzenhalter gestalten, Kerze hineinstellen oder einkleben.

Tipp 1: Mit einer Überraschung füllen, dabei die Kerzenflamme herausziehen.

Tipp 2: Kleine hohe Glasflaschen von Gewürzen einsetzen.

Wäscheklammer-Stiftehalter

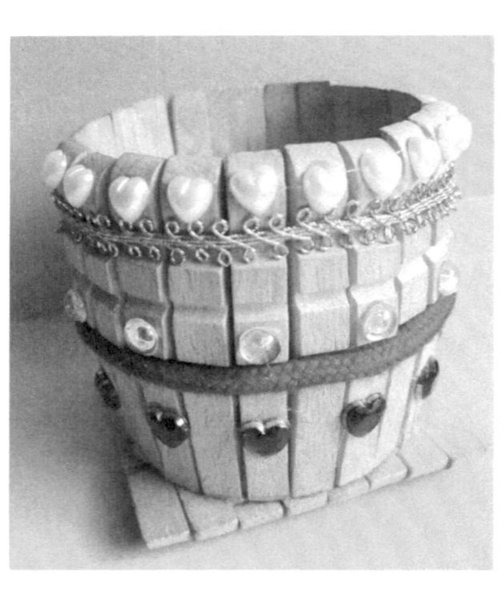

Vorbereitung: 10 Minuten

Durchführung: 45 Minuten

Kompetenz: etwas Neues kreieren oder ein Geschenk herstellen

Material: Rolle, Wäscheklammer-Teile, Klebstoff, Schere
Zum Verzieren: Bänder, Kordel, Perlen, Glitzersteine

Und so wirds gemacht:

Den Boden basteln. Hierzu mehrere Klammerteile nebeneinander zum Boden legen und diese dann seitlich aneinanderkleben. Die Rolle mit Klebstoff einstreichen und sofort die Wäscheklammern (sich berührend) nebeneinander festkleben. Dabei die Rolle auf dem Tisch aufstellen und rasch die Klammern aufkleben. Mehrmals immer wieder mit der Hand auf die aufgeklebten Klammern drücken, bis sie festgeklebt sind. Nun den Behälter auf den fertig gestalteten Wäscheklammerboden aufkleben. Jetzt darf man das Gefäß nach eigenen Vorstellungen mit Bändern, Perlen, Schmucksteinen usw. verzieren. Mit neuen Stiften, Salzstangen oder anderem Gruß füllen und verschenken.

Rollen-Zwergen-Wurfspiel

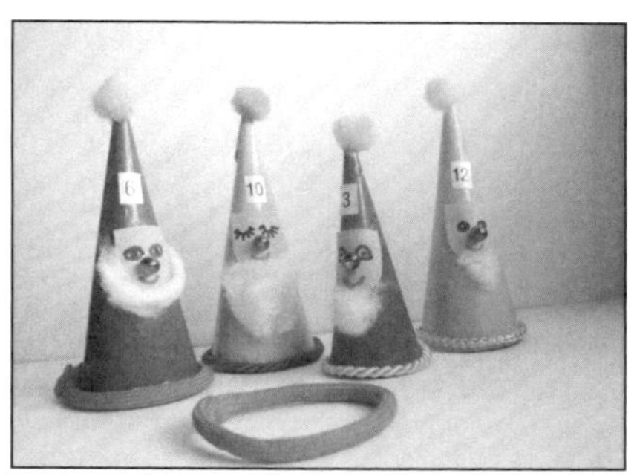

Vorbereitung: 10 Minuten

Durchführung: 45 Minuten

Kompetenz: Spielzeug herstellen

Material:
Rollen, Eistütenverpackung, Märchenwolle, Papierreste, Pailletten, Wackelaugen, Kordel, Filzstifte, Pfeifenputzer, Bierdeckel, Watte, Klebezahlen, Klebstoff, Schere

Und so wirds gemacht:
Rollen-Figuren: Rollen mit Papier beziehen, zu Menschen gestalten, Haare und Krone dazugeben. Klebeziffern notieren oder aufkleben.

Tüten-Zwerge: Eistütenverpackungen werden zu Zwergen. Gesicht, Bart, Bommel, Abschlusskordel sowie Wurfringe formen und werfen.

Zur besseren Standhaftigkeit diese auf bezogene Bieruntersetzer oder CDs aufkleben.

Spiel: Wurfpunkte sammeln und notieren. Sieger ist, wer die meisten Punkte erworfen hat.

Becher-Bienen-Stände

Vorbereitung: 10 Minuten

Durchführung: 90 Minuten

Kompetenz: Bienen-Erfahrung sammeln

Material:
Pappbecher, gelbe Plakatfarbe, schwarzer Filzstift, Pfeifenputzer, gelbes Papier, weißes Transparentpapier, Klebstoff, Schere

Und so wirds gemacht:
Becher zum Bienenstock gelb anmalen und trocknen lassen. Türe und Bienen im Anflug einzeichnen, weitere Bienen im Mehrfachschnitt zuschneiden und mit Streifen und Transparentflügeln vervollständigen. Bienen am und auf dem Becker festkleben sowie am Pfeifenputzer aufkleben und schwirren lassen.

Schachtel-Häuser

Vorbereitung: 10 Minuten

Durchführung: 90 Minuten

Kompetenz: Gestaltung

Und so wirds gemacht:
Murmelbahn-Häuser und -Türme: Schachteln mit Papier beziehen und Überstehendes abschneiden. Im Mehrfachschnitt Fenster zuschneiden, fertig gestalten und aufkleben. Türen herausschneiden oder zum Öffnen und Schließen gestalten. Der Turm erhält oben Zinnen. Eein Flachdach oder mittig geknicktes plastisches Dach einplanen. Für die Murmel einen Zielteppich aus Papier einfügen.
Alternativ: Schachtel als Haus mit aufgesetztem Dach erarbeiten und bemalen.
Tipp: Gemeinsam seine eigene Stadt nachempfinden.

Kreatives Upcycling für Kinder – Bestell-Nr. 12 903

Merkzettelhalter-Aktion

Vorbereitung: 10 Minuten

Durchführung: 45-90 Minuten

Kompetenz: Geschenk kreieren

Material:
Tonpapier oder Tonkarton, CD, Wäscheklammern, Pfeifenputzer, Filzstifte, Wackelaugen, Pailletten, Bleistift, (Aufhänge-)Band, Notizblock, Bleistift, Schere, Klebstoff

Und so wirds gemacht:
Apfel: Die Form aufzeichnen und zuschneiden, Blätter im Mehrfachschnitt anfertigen, strukturieren und aufkleben. Den Block einfügen, den Bleistiftrollenhalter herstellen, unten zukleben und anbringen.

Gespenst: Aufzeichnen, ausschneiden, farbig gestalten. Rollenhalter unter dem Arm einfügen, Bandschale dazugeben und Aufhängeband ankleben.

Blumenrosette: Die CD dient als Mitte. Unter dieser im Mehrfachschnitt zugeschnittene Kreise als Blütenkranz auf der Rückseite festkleben, mit Punkten und Pailletten verschönern.

Kreis: Rand der CD mit Pailletten schmücken und Block einfügen.

Feuerwehr: Fahrzeug aufzeichnen, zuschneiden und mit schwarzen Strukturen versehen. Auf dem Dach Blaulicht, Leiter und Aufhängeband anbringen.

Klappmaus: Tropfenform doppelt zuschneiden und zwischen diese eine Wäscheklammer festkleben, welche sich am Mäusepopo aufdrücken lässt. Mäuseaugen, Barthaare, Muschel-Ohren und Pfeifenputzerschwanz dazugeben. Das Klappmaul hält die Zettel fest.

CD-Lernuhr

Vorbereitung: 10 Minuten

Durchführung: 45 Minuten

Kompetenz: Uhrzeiten erproben

Material:
CD, Klebeziffern, Stoffblüten, Verschlussdeckel, Karton, Briefklammer, Aufhängeband, Pikser

Und so wirds gemacht:
In den Deckel mittig ein Loch durchstechen. Zeiger anfertigen, Loch einstechen, Briefklammer durchstecken, im Deckel befestigen, dann auseinanderklappen. Am CD-Rand die Ziffern anbringen.

1-12 aufkleben, Blüten hinzugeben und die Uhrzeiten erkunden.

Blumentopf-Wuschel

Vorbereitung: 10 Minuten

Durchführung: 45 Minuten

Kompetenz: Material zweckentfremden

Material:
gesäuberte Plastik- oder Tonblumentöpfe, Kugel, Pfeifenputzer, Papier, Engelshaar, Krepppapier, Herbstblatt, Schere, Klebstoff

Und so wirds gemacht:
Blumentopf mit der Öffnung nach unten stellen, Augen, Nase und Mund ankleben. Herbstblatt aufkleben, mit Engelshaar bestücken oder das eingeschnittene Krepppapier zum Haar als Büschel kleben, anbringen, auseinanderziehen. Papier oder Pfeifenputzerarme vervollständigen sie.

Tipp: darunter eine Überraschung, Glückwunsch, Geschenk verbergen

Stern von Bethlehem

Vorbereitung: 10 Minuten / Die Geschichte dazu berichten.

Durchführung: 45 Minuten

Kompetenz: schwierige Schnittführung

Material:
goldener Karton, Sternschablone, Bleistift, CD, Teelicht, Perlenschnur, plastische Sternchen, Pailletten, schwarzer Filzstift, Schere, Klebstoff

Und so wirds gemacht:
Sternschablone auf den goldenen Karton legen und umfahren. Alternativ zwei Achter-Sterne zuschneiden und überlappend aufeinanderkleben. Sternspitzen mit Pailletten oder Sternen bestücken. Text notieren oder CD beziehen, mit Perlenkette umkränzen und mittig einkleben. Teelicht hineinstellen, entzünden und einer Geschichte lauschen.

Nikolaus-Füllstiefel

Vorbereitung: 10 Minuten

Durchführung: 90 Minuten

Kompetenz: Überraschung verschenken

Material:
goldener Karton, CD, Rolle, rotes Tonpapier, Sterne, Watte, Sternenband, Schoko-Nikolaus, Pailletten, Klebstoff, Schere
Füllung: Nüsse, Plätzchen, Süßigkeiten

Und so wirds gemacht:
Einen Kreis aus goldenem Karton zuschneiden oder CD mit Goldpapier beziehen. Rolle mit rotem Papier beziehen, auf die rote Schuhsohle setzen und Sterne aufkleben. Schuhrand mit Wattestreifen bekleben, Vorderschuh mit Sternenband umkränzen und Pailletten einfügen. Das Ganze auf den Kreis kleben, Schokoladen-Nikolaus einpassen, Schuh füllen und heimlich verschenken.

Adventsband oder Mobile

Vorbereitung: 10 Minuten

Durchführung: 90 Minuten

Kompetenz: bewegliches Projekt erarbeiten

Tipp: Einzel-, Partner- oder Team-Angebot

Material:
CD, Weihnachtsfolie oder Papier, Tasse zum Umfahren, Bleistift, Schere, Dekomaterial wie Perlenkette, Sterne, Geschenke, Rosette, Perlen, Pailletten, zugeschnittene Kerze usw., Band oder Kordel

Und so wirds gemacht:
CD-Scheibe nach eigenen Vorstellungen beziehen, bekleben und ausgestalten. Wenn beide Seiten (Einzelaufhängung) erkennbar sein sollen: Zwei Scheiben (gleich oder unterschiedlich), anfertigen und gegeneinanderkleben.
Zum Aufhängen Band oder Goldschnur in unterschiedlichen Höhen und Längen anbringen und aufhängen. Sie bewegen und drehen sich bei jedem Luftzug.

Tipp: Einzeln an die Adventswand anbringen, täglich eine neue Scheibe dazugeben (bis Weihnachten).

Körner-Collage: Spaziergang mit Fiffi

Vorbereitung: 10 Minuten

Durchführung: 45 Minuten, DIN-A5-Blatt

Kompetenz: Formempfinden, Fingerspitzengefühl

Material:
Karton, Vogelfutter (Reste), Kleister mit Pinsel, Wackelaugen, Perle

Und so wirds gemacht:
Mit dem Pinsel Schritt für Schritt die geplante Figur aufzeichnen und dicht mit Körnern bestreuen sowie belegen. Körner immer wieder festdrücken. Das Kunstwerk trocknen lassen und aufhängen.

Leuchtende Herbstgläser

Vorbereitung: 10 Minuten

Durchführung: 45 Minuten

Kompetenz: Materialien sammeln

Material:
leere saubere Gläser, Kleister, Pinsel, Farn und Herbstblätter, Transparentpapier, schwarzes Papier, Teelicht, Streichhölzer

Und so wirds gemacht:
Das Glas außen mit Kleister bestreichen und bunte Herbstblätter, in Stücke gerissenes Transparentpapier (überlappend) mit zugeschnittenen Fledermäusen gestalten. Zuletzt das Außenglas erneut mit Kleister bestreichen, trocknen lassen und Teelicht einsetzen.

Ich segle um die Welt

Vorbereitung: 10 Minuten

Durchführung: Reiseträume erkunden

Kompetenz: inneres Bild umsetzen

Material:
kleine Ästchen, Obstnetz, Sternchen, Party-Fahne, Dekomaterial, Stoffrest oder blauer Karton, Klebstoff, Schere

Und so wirds gemacht:
Ästchen in gewünschter Länge brechen und zum Bootskörper gestalten. Segelmast einplanen und das grob zugeschnittene Obstnetz als Segel gestalten. Zuletzt den Sternenhimmel dazu zaubern.

Tipp: Boote schwimmen auf dem großen Tuchmeer oder segeln hintereinander einen Fluss entlang.

Zahnbürste und Zahncreme ins Gespräch vertieft

Vorbereitung: 10 Minuten

Durchführung: 45 Minuten, DIN-A5-Blatt

Kompetenz: lustige Figuren basteln und Gespräch anregen

Material:
leere Zahncremetube, alte Zahnbürste, Wackelaugen, Pailletten, Papierreste, Pfeifenputzer, Weihnachtsband, Perle, Klebstoff, Schere

Und so wirds gemacht:
Die Figuren mit den oben genannten Materialien zum Leben erwecken. Nachts werden sie lebendig und unterhalten sich über ihre Benutzer. Sie beschweren sich beim Mond am Nachthimmel über die Unwissenheit oder Faulheit der Eltern und Kinder. Sie fragen sich, wie nachlässig ihre Besitzer sind und ob die denn nicht ahnen, dass Vergesslichkeit oder Nachlässigkeit und falsches Zähneputzen für die Erdenbewohner mehr als schädlich ist und Mundgeruch niemanden erfreut.

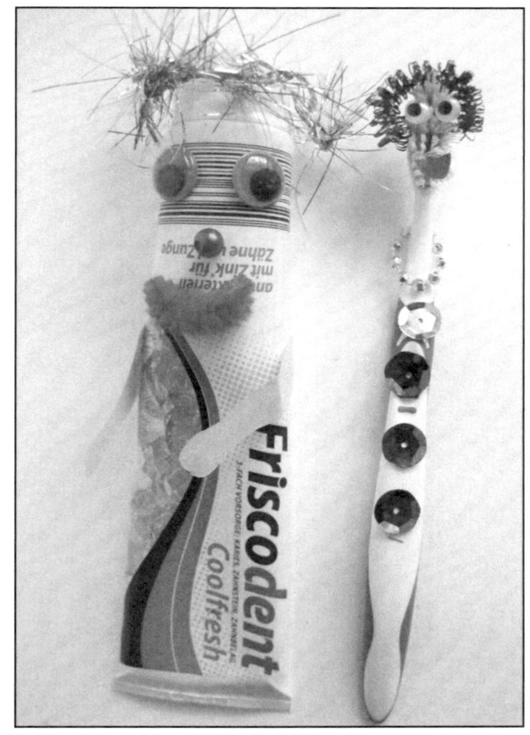

Blumentopf-Kunst

Vorbereitung: 10 Minuten / Töpfe reinigen

Durchführung: 30-45 Minuten

Kompetenz: Blumentöpfe organisieren (z. B. auf einem Friedhof oder einer Gärtnerei)

Material:
Blumentöpfe, Wackelaugen, Papier, Perlen, Garn, Pompon, Wattebausch, Plakatfarben, Moosgummi-Blüten, Pailletten, CD, Klebeband, Sticker, Klebstoff, Schere

Und so wirds gemacht:
Häschen: Zweifarbige Hasenohren aus Papier zuschneiden, Augen, Nase und Barthaare ankleben.

Elch: Wackelaugen, Pomponnase und Papierhörner im Doppelschnitt arrangieren.

Rabe-Socke: Den großen und kleinen Blumentopf anmalen, trocknen lassen und aufeinandersetzen. Hutbommel, Augen, Schnabel, Flügel und Ski zuschneiden und einfügen.

Hasenmama mit Kind: Mama besteht aus zwei übereinandergestülpten Töpfen, das Hasenkind aus einem kleinen Topf. Gesicht gestalten, Ohren, Arme und Pfoten zuschneiden und anfügen. Am Popo die Watte-Hasenschwänzchen anbringen.

Blumentopf auf CD: Topf mit Moosgummi-Blumen und Blättern gestalten oder diese selbst anfertigen. CD-Rand mit Pailletten schmücken. Umdrehen, Geschenk verstecken.

Raupe: Sie besteht aus aneinandergereihten, mit Klebeband verbundenen Töpfen. Der Kopf entsteht aus einem umgedrehten Topf und erhält ein Gesicht und Papier-Pailletten-Fühler. Töpfe mit Sticker verzieren, Raupe auf Band aufkleben. Ziehen ... und sie krabbelt los.

Tipp: Behälter füllen, selbst gezogene Pflanzen einbringen oder Töpfe mit Öffnung nach oben oder unten mit einer Überraschung vervollständigen.